日本の女性がグローバル社会で戦う方法

谷本真由美
@May_Roma

大和書房

はじめに

この本は20代から40代の悩める乙女に捧げる、オルタナティブで、ちょっと狂った「女性の生き方本」です。

しかし、**その辺で出ているような「女性の仕事とは!!!!」「女性の正しい人生とは!!!!」とくそ真面目に語る本ではありません。**そんな本ばかり読んでいたら、脳が萎縮して腐って本当に電波な人になってしまいます。

ワタクシは英国に住んでまして、「Twitter で電波脳芸人と呼ばれている変わり者です。日々「Twitter で垂れ流す狂った発言に目をつけた編集者様が「一発何か書いてくれ」と言うので、毎日毎日2ちゃんまとめサイトを巡回し、40も近いというのに毎日ヘビーメタルを聴いているワタクシが書いた本ですので、**真面目なことは一言も書いてありません。**

ワタクシは亀有ブラザーズ（＊）とか、高須クリニックのCMの大ファンで、最近気になるのは足の魚の目のことですが、この本は、「女性の生き方本」の「亀有ブラザーズ」と心得ていただければ良いでしょう。そう、ヒットチャートの親孝行しようよハッピーアンドラブレスペクト、な歌ではなく、「ホニャララが痒い〜」と歌うアレです。

「アタシ、ガンガン仕事したいんだけど、会社のあのハゲオヤジにいつ嫁に行くのとか、いつ子供産むんだ、いつ辞めるんだよ、って言われて、毎日悶々としてて、しかも、あんたアタシより若い男が昇進したのよ、ムキー!! ムカつく。師ね、師ね、師ね、師ね!!!」と毎日心で唱えて家では藁《わら》人形に釘を打っているアナタ、本書をお手に取り「あぁ、なんだ適当にやればいいいんじゃん」と気楽になってくださいまし。

（＊）編註：ビートたけし、ガダルカナル・タカ、つまみ枝豆、グレート義太夫がメンバーの下ネタ替え歌バンド

日本の女性がグローバル社会で戦う方法

Contents

日本の「女子」特殊事情

2 女性を活用しないと日本は没落する

3

こんなに言っても専業主婦になりたい人へ

4 どんなキャリアならハッピーになれるわけ？

5 日本の女はどうやって生きていくべきか

第1章

日本の「女子」特殊事情

生きにくい日本のワタシ

世界各国では60年代はじめに女性解放運動が盛んになり、特に先進国では、女性の社会参加や地位はここ40年の間に大きく変わりました。政治やビジネスにおいて重要な地位を占める女性は増え、パイロットや宇宙飛行士、医師、法律家、コンピューター技師、研究者、原子力技術者など、従来女性がほとんどいなかった分野への女性の進出も進みました。

女の人は随分暮らしやすくなったんです。ところが、日本は相変わらず超住みにくい国の一つであります。この住みにくさ、国際機関とか海外のメディアの報道で世界中にだだ漏れ状態で、「うぎゃ！　日本やばくね？？？」とディスられまくりです。

国際機関の一つである国連開発計画（UNDP）は毎年「人間開発報告書」を発表しています。この報告書において、各国における「ジェンダー不平等指数」（Gender Inequality Index：GII）及び「人間開発指数」（Human Development Index：HDI）を発表していますが、2012年の「ジェンダー不平等指数」では、日本は148ヶ国中21位でした。

一見悪くなさそうに見えますが、これは、妊産婦死亡率などの健康に関する指標が高く評価された結果であり、国会議員に占める女性の割合など「社会制度」に関する指標は超最悪です。（http://hdr.undp.org/en/reports/）

つまり、「アンタの国って、まあ病院とか学校とかちゃんとして、一応健康には生活できんだけどお、女は家にいろ、喋んじゃねえって言ってんのよね。よくねーわ」と言ってるということです。

アメリカ様が超関与しまくっている国際機関（国際機関はどこもアメリカがジャイアン並みに牛耳ってるんですけどここは特にそう）に言われちゃったわけですね。しかも一回じゃなく何回も。うわ、恥ずかしい。

次は、世界の経営者が集う会合であるWorld Economic Forumが発行している「The Global Gender Gap Report」の2013年版。この集会は世界の金持ちのムカつく集まりとディスられていることもありますが、一応有名人が山盛りですので、大変影響力がある会合です。

このレポートでは「経済参加と機会」「教育」「健康」「政治参加」の4つの柱から、136ヶ国における女性と男性の間の差を比較していますが、その結果を見ると、肥だめに入りたくなります。

日本は136ケ国中105位……!

マルタ、セネガル、アゼルバイジャン、よりも下! アゼルバイジャンって、あれですよ、イスラム教で『007』に出てきたあそこ!! 一部ではブラック国家とか言われてますよ（ワタクシあそこに友達がいますけども）。セネガルってアフリカにあんですよ、皆さん。日本よりも低いのは、中東の産油国とか北アフリカ!! 皆さん、あれですよ、外務省で退避勧告が出てて、女性は髪の毛見せちゃダメってあの辺の国。

男女格差が小さい国ランキング

日本は136ヶ国中105位

順位	国名
1位	アイスランド
2位	フィンランド
3位	ノルウェー
4位	スウェーデン
5位	フィリピン
6位	アイルランド
7位	ニュージーランド
8位	デンマーク
9位	スイス
10位	ニカラグア
11位	ベルギー
12位	ラトビア

順位	国名
13位	オランダ
14位	ドイツ
15位	キューバ
16位	レソト
17位	南アフリカ
18位	英国
19位	オーストリア
20位	カナダ
21位	ルクセンブルク
22位	ブルンジ
23位	アメリカ合衆国
105位	日本

*The Global Gender Gap Report 2013より作成

もうディスりようがないですよ。「アンタの国は、その辺の中進国とか発展途上国とか、ブラック国家よりだめっす～」と言われてしまった。しかも世界の金持ちに!! くわ～、ムカつきますね。さらに、2011年は135ヶ国中98位、2012年は135ヶ国中101位だったので順位下落!! ジャンジャン悪化している。なんで!! (http://www3.weforum.org/docs/WEF_GenderGap_Report_2013.pdf)

内閣府の「男女共同参画白書 平成25年版」が示す数値はもっとウキウキウオッチングですよ。労働力人口に占める女性の割合は42・2%ですが、非正規雇用者の割合は54・5%。管理職に占める女性は係長相当職14・4%、課長相当職7・9%、部長相当職4・9%。男性一般労働者の給与水準を100とすると、女性一般労働者の給与水準はたった70・9で、男性に比べ3割近くも賃金が低いわけです。

(http://www.gender.go.jp/about_danjo/whitepaper/h25/zentai/html/honpen/b1_s02_01.html)

さらに、**「男女共同参画白書 平成25年版」は「女性が日本で働くのは大変っす」と言ってしまっています。言うならどうにかしろよ、という感じですが。**

日本では、25〜29歳の労働力率は、全女性の労働人口のうち最も高い77・6％となっていますが、家庭や子供を持つ年齢である35〜39歳では67・7％と低くなり、44歳を過ぎると労働力率は上がります。俗に言う「新卒でフルタイムで働き、子供が小さいうちは無業になる」というM字型のグラフを描きます。女性の社会進出が進んでいる国では、35〜39歳の間の労働力率は、25〜29歳に比べむしろ上がり、グラフは台形を描きます。

つまり、一言で言うと「日本て女が子供産んじゃったり結婚しちゃうと、働くの大変で、景気が悪くって、家の中は火の車なのに、他の先進国と全然違う変な国なんですう」ということです。

非常に興味深い点は、平成9年以降は共働き世帯が男性雇用者と無業の妻から成る世帯を上回っている点です。24年は、共働き世帯が1054万世帯、男性雇用者と無業の妻から成る世帯が787万世帯と、全体数では共働き世帯が男性雇用者のみの家庭を大きく上回っているのです。

内閣府は「女性の社会進出に対する意識変化」や「経済情勢の変化等」が共働き世帯が増えている原因であるとしています。これは、経済的な理由で妻が働きに出なければならない家庭も増えているということです。

つまり、国際機関や政府の統計から見える日本の女性の立場というのは、

・とりあえず死なないよ。ありがたく思え。
・でも、政治とか経営とかそういう重要なことには参加しちゃダメ。家にいなよ。
・でも、家事はやれ。子供も産めよ。
・でも、男の給料減ってるからオメーも働け。
・でも、高い給料はやらないよ。低賃金ブラック労働やってろ。パートは安いから助かるんだＹＯ！
・外国に散々叩かれてんだけど、役所はやる気ありませ〜ん。だって今のままがいいんだもん。

う〜ん、だんだんムカついてきますね。というか、2ちゃんのネトウヨの書き込みと変わらないわけですよ。

日本の子育て世代女性は未だに就業率が低い

女性の年齢階級別労働力率の推移

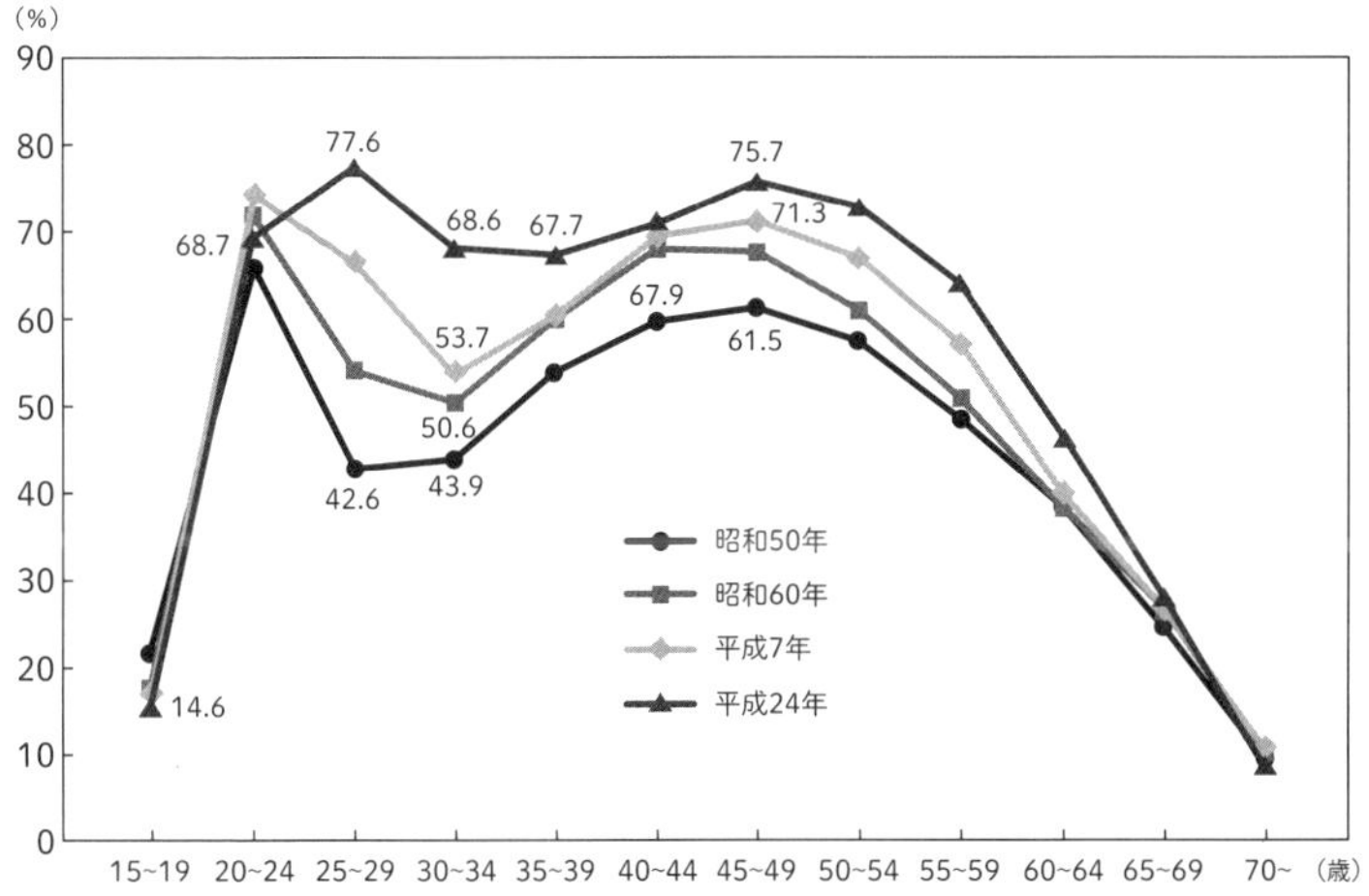

女性の年齢階級別労働力率（国際比較）

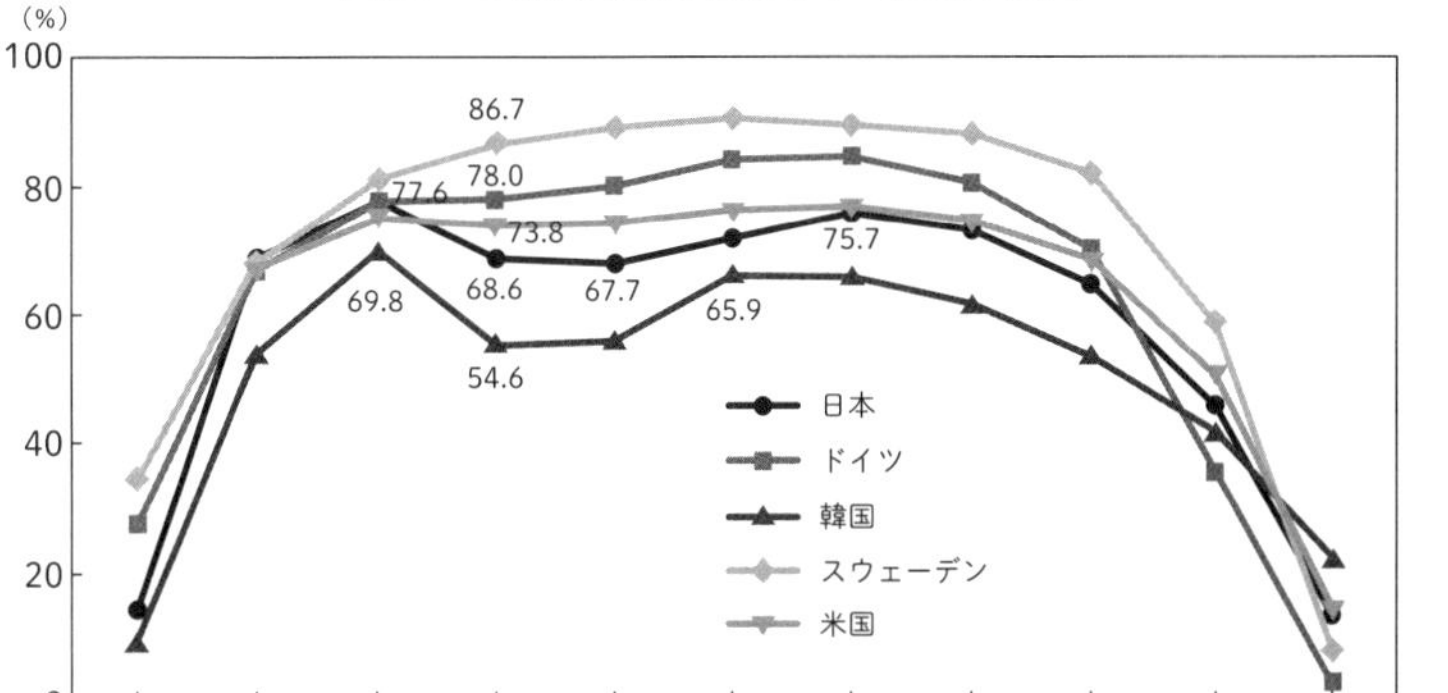

*出典：いずれも内閣府男女共同参画局　男女共同参画白書 平成25年版

海外メディアは「日本は男尊女卑の国」と報じている

そういう日本の女性の生きにくさは、実は海外にダダ漏れです。海外の主要新聞の記事や、日本を訪れた外国人、日本に滞在している外国人のブログや書籍を読むとよくわかります。ほぼ伝説のネタと化しており、時々激しいディスり記事が掲載されたりします。

こういうディスりを読んだり見たりした人で（大体男）、「貴様、我が神の国を黄色いサルの国と思っているのであるか!!!! 許さん、天誅!!」「これはデブスの陰謀。だってインタビューに出ているのが全部デブス!!!」という謎の反論をする人もいるわけですが、外国の人からはそのように見えちゃっているというのは、本当なのでどうしょもないわけです。

しかも、記事も統計データやケースインタビューで裏付けがありますから。文句があるなら、統計を作った日本の政府とか海外のメディアに直接抗議したり、国連開発計画とかWorld Economic Forumに文句言ったらどうなんですかね。多分やる気がないんだろうけど。

海外メディアの日本女性差別記事の例を読むと「うがああ」という気分になります。日本ではあんまり紹介されないので、ちょっと有名どころを紹介しましょう。

例えば2007年8月6日付のニューヨーク・タイムズは「Career Women in Japan Find a Blocked Path」（日本のキャリアウーマンの先行きは塞《ふさ》がれている）と題された記事で、日本の女性だけではなく、日本の勤労者が置かれた状況を、かなり同情的な視点で紹介しています。

1日15時間近くに及ぶ非人間的な長時間労働や、被害者が訴えても何の効果もなく、企業が厳しく罰せられることもない、実質「ザル法」である雇用機会均等法が、国連開発計画（UNDP）のジェンダー・エンパワーメント指数における日本の順位が芳しくない理由である、と指摘しています。

また女性は職場での地位が低く、管理職の数は驚くほど少なく、差別も当たり前のように行われていると明記しています。しかしながら、人口が減っていく日本では女性の社会参加は避けられないことだとしています。(http://www.nytimes.com/2007/08/06/world/asia/06equal.html?_r=0)

もうボコボコすぎて涙が出てきますね。**つまり日本は「社畜がブラック労働で、男尊女卑で法律は適当でどうしょもねーわ!!」と言っておられる。**

イギリスのエコノミスト誌は日本に辛口なんですが、女性問題に関してもボコボコです。２０１１年8月2日付の「Japan's sexist labour market」(日本の性差別労働市場)という記事で、

「(日本に)チャイルドケアが不十分なことは、ある意味意図的な政策だ。この政策は、女性は家にいて伝統的な価値観を支え、家族の生活を向上させ、出生率向上のために女はもっと子供を産むべきだと信じる、男性だけで構成された官僚的なビジネスエリートによって作られているからだ」

「もちろん、スウェーデンやフランス、韓国が示す証拠は、この日本のエリート達が考

えることとは全く反対だ。より良い託児所があることは女性がより多くの子供を産むことの手助けをする」と断言し、「日本の政策は最悪だ」（Japan's policy couldn't have been worse.）と言っちゃってます。

つまり「日本の官僚超バカじゃね？　女は働いて子供も産めって言ってんだけど、政策ボコボコじゃね？　おめーら、超最悪ノーレスペクト!!　だっせぇえ!!」と言っているわけですね。ちなみに題名に入ってる「sexist」って単語は「お前は超性差別主義者の最低最悪な奴ウンコ以下師ね」という意味です。（http://www.economist.com/blogs/banyan/2011/08/japans-sexist-labour-market）

さらに、エコノミスト誌の２０１１年11月2日付の「Land of the wasted talent」（浪費された才能の地）という記事も辛辣で読んでると鬱になります。

「日本の職場は以前ほど性差別的ではない。１９９０年代にはサラリーマンの机の上に当たり前のように置かれていた女性のヌード写真は取り払われ、ほとんどの会社には性差別を禁止する内規がある。しかし高い教育を受けた女性の多くは昇進の見込みがない仕事に追いやられる。古風なボスは女性の役割はオフィスの花であり、男性職員の花嫁候補としか見ていない。そして日本の伝統的なサラリーマンのスケジュールでは子供を学校に迎えに行くのは不可能だ。

日本の企業は紙のリサイクルには熱心だが、女性の才能を無駄にすることはどうでもいいと思っている。66%の高等教育を受けた女性は、雇用側が柔軟な働き方を認めれば仕事を辞めなかったと回答している。77%は退職後に復帰したいと考えている。しかしアメリカの女性の73%が再就職可能なのに対し、日本で再就職できるのはたった43%なのだ。ゴールドマン・サックスは、日本が教育された女性を活用するならば、８２０万人の労働者が増え、日本経済は15%拡大するとしている。これは日本の自動車産業の約2倍に匹敵する数字なのだ」(http://www.economist.com/node/21536543)

つまり「日本の会社って女のリサイクルよりも紙のリサイクルには熱心だよね。イギリスの元植民地のアメリカよりも最悪なんだよ。何考えてんの？　才能の無駄使いして許されんのあんた?」と言っているわけです。

ニューヨーク・タイムズもエコノミスト誌も、共通するのは「日本の政府はアホウ」

「女性の才能無駄使い」「日本はブラック労働だから男も女も悲惨。特に子供がいる女は悲惨」「日本の会社はどうもアホウらし。働きたい人がいるのに活用していない。何考えてんの？」ということを言っている点です。ディスりでも偏見に満ちているわけでもなく、客観的ですね。だってどれも事実ですから。

日本のメディアはこういう書き方をしないので、読むとギョッとしますけども、**日本の女性は紙のリサイクル以下の扱いなんですよ。**

両方とも、英語圏だけではなく、大陸欧州や中東、アフリカ、アジア、南米の人も読んでいる影響力の強い媒体です。こういう媒体を通して日本の女性の「実態」というのは様々な人にバレちゃっているわけです。

「なんで日本人女性って、鳥みたいに声が高いの？」

海外と日本の〝職場における理想の女性〟像には大きな違いがあります。

欧州では大学などで高等教育を受けて、専門的な仕事やホワイトカラーの仕事をする女性は一人前の大人として扱われます。特に、採用からしてメリットクラシー（能力主義）であり、実績を重視するイギリスなどの北欧州であればあるほど、若くてもプロであることが求められます。

これは北米やオセアニアでも大体同じですし、アジアはもうちょっと家族主義的なところがありますが、シンガポールや台湾、中国大陸などでも、女性に「プロ」であることを求めます（ちなみに、中華圏の場合、「プロ」＝銭を稼げるお方、という意味ですので注意しましょう）。

誰かを採用する際は、その人の実績を重視するので、年齢や性別はあまり関係ないからです。もちろん接客業など容姿や年齢が重要になる職業もありますが、一般的に大事なのはその人の実績や資格、教育、スキルです。

日本のように新卒一括採用がないわけではありませんが、全員が新卒一括採用で就職するわけではありません。少なくない数の人が、インターンシップなどを経て様々な職場で安い給料でこき使われて経験を積み、実績をあげてどんどん転職しながらステップアップしていきます。

企業側はコスト削減にかなり敏感なので、必要な人材以外は雇いません。最近では欧州の多くの企業はプロジェクト毎に必要な人材を数ヶ月単位契約のコンサルタントとして雇い、正社員よりも高い賃金を支払います。プロジェクトが終了するとその人の契約は終了です。働く人が自動車やパソコンのパーツのような形で雇用されていくわけです。

コンサルタントはプロですから、数週間、早い人では数日で、成果を出せない人はクビになってしまいます。そういう厳しい環境で仕事している人が大勢いるので、雇用が安定しているはずの正社員も、常に成果やパフォーマンスをそうしたコンサルタントと比べられるようになります。正社員の場合は、定期的な目標値を数値で決定し、期末や月末などキリが良い時に業績評価をします。残業すれば良い、長く会社にいれば良い、という環境ではないのです。

会社によっては事務所に席すらなく、世界各国に散らばったコンサルタントが自宅や時間貸しの事務所からネット経由で仕事をします。そういう就労環境ではチームメイトが直に顔を合わせることが一切ありません。

私がかつてプロジェクトで関わったデューデリジェンスを専門とする企業は、ネットのミーティングソフトでブラジル、イギリス、中国、アメリカ、各コンサルタントの自宅をつなぎ、プロジェクトの流れを話し合いました。その後各自が割り当てられた作業をやって終了です。

さて、欧州や北米のホワイトカラーの間では、そういう働き方がどんどん増えています。通信インフラやｗｅｂアプリ、仮想化ソリューションが発達してきたので可能になったわけです。素晴らしい時代です。

一方で、こういう環境下では成果というのが厳しく精査されるので、「色仕掛け」「甘え」が通用しません。コンサルタントであろうが正社員であろうが、マネージャーであろうが、若手だろうが、男だろうが、女だろうが、「成果」が出れば誰が作業しようと良いわけです。ですから、職場では、プロとしてスキルで勝負できる女性が「理想の女性」であって、お菓子を配ったり、短いスカートをはいていたり、電話の応対時に高い声を出す人ではないのです。そんなものは仕事に何の付加価値ももたらさないからです。

「色仕掛け」はお得意でも、銭を稼げなければ「あの日本人の子さ、鳥みたいな声で電話対応してるけどパーなの？」「あの子、大人なのに子供みたいな服で、子供みたいにアホっぽい喋りするけど、知能が足りないの?」と裏で言われて、運が悪いとレイオフという世知辛い世界なのであります。寄ってくるのは、職場をバーと勘違いしている助平なルーザーのみで、マトモな方には相手にされません。泣いても無駄なんですよ。泣くのは子供だから。銭とか数字を見せることができなければ。

これがグローバルというやつです。いいですか、皆さん、グローバルは世知辛いんです。『ナニワ金融道』の世界が、色々な人種で展開されているとご想像ください(私の頭の中ではインド人はなぜか大阪弁なんですがね)。

先進国における理想の女性は「ガールパワー」

英語圏で「女子力」という言葉の代わりによく使われる言葉が「ガールパワー」(Girl Power)です。「ガールパワー」とは、2000年ぐらいから一般的になった文化的現象です。Oxford English Dictionary は「ガールパワー」を以下のように定義します。

Power exercised by girls; spec. a self-reliant attitude among girls and young women

「少女が行使する力。少女や若い女性の間の自立した態度のこと」

(http://news.bbc.co.uk/2/hi/uk_news/1765706.stm)

この言葉は、アフリカ系アメリカ人が、1960年代に人種的公平性を勝ち取るために実施した公民権運動の際に使用した「ブラックパワー」(Black Power) という言葉が元になっています。これは、アフリカ系アメリカ人が、民族自決 (self-determination)、つまり、「アフリカ系アメリカ人が、自分たちで、政治的、社会的運命を決定する権利を持つこと (つまり自分で自分のことを決めることができること)」を目指して使用された政治的なスローガンです。

女性がファッション、メイク、生き方、DIY (Do-It-Yourself=自発的に取り組むやり方)、音楽、文学などを通して、押し付けの文化を消費するのではなく自ら文化を作り出し、自分の望む形で自己実現し、自分を表現するというムーブメントとなりました。

「ガールパワー」は、女性が自分の性を前向きにとらえ、自分の望む形で自己実現し、女性同士が連帯してお互いを力づける、という点が従来のフェミニズムの考え方と異なりました。

これは、ちょうど90年代後半から盛んになった「第三のフェミニズムの波」（Third-wave feminism）の考え方にそっています。「第二のフェミニズムの波」（Second-wave feminism）は60～80年代に主流だったフェミニズムの考え方で、強姦やデートレイプを一般に認知させ、女性が避妊や多様な出産手段にアクセスする権利を拡大し、職場での性差別の禁止や、母性保護を強化しました。

「第三のフェミニズムの波」は、大枠では「第二のフェミニズムの波」にそったものですが、「第二のフェミニズムの波」では過激な運動がかえってフェミニズムへの嫌悪を高めてしまったという失敗がありました。

そのような失敗から、同性愛、人種差別や人権問題など、より幅広い事柄を運動の一部として取り扱うようになりました。女性差別問題や中絶問題などを議論する際に、年齢差別、人種差別、ゲイ差別なども扱うのはこのためです。

例えば職場における産休に関する議論は、女性だけではなく、男性の産休も議論しなければなりませんし、子供を持とうとするゲイやレズビアンのカップル、さらに、子供を産む人々だけではなく病気の家族を抱えた弱者などのことも考慮しなければなりません。

このように女性の権利だけを闘争的に声高に叫ぶのではなく、社会の様々な人の権利のことも考えるのが、「第三のフェミニズムの波」なのです。

また、大きな変化は、女性が自分の性を否定するのではなく、「祝福するもの」としてとらえ、「様々な表現手段を経て自己実現する」動きが出てきたこと、フェミニズムを政治的な手段ではなく、「より個人的なもの」としてとらえる動きが出てきたことでした。**つまり、「私はフェミニストです」と戦闘的になる必要はなく、自分が満足する形で女性として美しく着飾り、女性であることを楽しめば良いのです。**

面白いのはこういう動きが男性側からも歓迎されたことです。なぜかというと、男性にだって自分の奥さんや娘さんがいるからです。奥さんや娘さんが楽しく前向きに生きるのはいいことなんじゃない？　と考えるわけです。

女性専用車両で女性を隔離する日本

ワタクシにはサウジアラビア人をはじめ、クウェートやドバイ、チュニジア、アルジェリア、レバノン、トルコ、アフガニスタンといったイスラム諸国の知人友人がおります。ロンドンは金融の中心で、中東が植民地だったこともあり（イギリスの極悪非道ぶりについてはネットで検索してやってください）、この辺の地域の方々が、石油関係や金融関係、ＩＴ業界などで活躍しております。

湾岸諸国やレバノンのエリート階層は女子教育に熱心ですので、会計士や監査人のような専門職、博士号取得して研究者をやってる方なども大量におります。目だけ出して打ち合わせなどやっています（ここではそんなことは普通なので誰も驚かないんですが）。

さてこのような国の女性とは茶をしばきながら「あんたの国ってどーよ」という雑談などしたりするわけですが、ある時「日本には女性専用車両があってね～」と話したところ「はああ？？？？？　だって日本って西欧先進国で、そこいら中に売春サービスがあって、お店ではエロ本売りまくりで、自由恋愛の国よね？　チャドル被らなくていいのよね。日本ってイスラム原理主義だったかしらね？？　もしかして、日本の男性は強姦魔ばかりなのですか？？？」とサウジアラビアの女性がぶったまげました。

そうです。皆さん。女性の乳や臀部《でんぶ》をロミロミマッサージのようにモミモミ、ご自分のイチモツを見せて「うっひっひ。俺は剝《む》けている」と露出したい殿方は、他の国にもおります。ただ、日本レベル（という国はあんまりないのですが）で工業化していて、一応先進国の国というのは、そういうお方がおりますと「ふざけんじゃねえ‼」と女性からのパンチが飛びます。さらに、周囲の皆様からは「ファックユー‼‼　ユーバスタード‼」「チンガットマドレ‼」「バッファンクーロ‼」（意味はご自分でお調べ下さい）と叫ばれながら袋だたきにされます。

袋だたきはグローバルスタンダードです。

ところで、別に日本の通勤というのはそれほど特殊ではありません。日本並みに電車が混む都市なんて山ほどあります。

例えばロンドンではラッシュ時の地下鉄は山手線並みに混むこともあります（ただし在来線はすいていたりします）。しかし痴漢などやりません。なにせ、そんなことをやって逮捕されたら仕事はなくなるわ、周囲から袋だたきに遭うわです。そしてともかく女性が強いからやらないんです。

そもそも、ここって小学生でも女子が強く、中学生ぐらいになると男子が殴られます。うちの家人は中学生の時に女子にグーで殴られた経験があります。そして、怒った女子は「いたずら」として、男子に使用済み生理用ナプキンを投げつけます。そういう調子です。イタリアでは、女子は男子にガンガンに怒鳴ります。そういうわけで、先進国では、痴漢など元々やる人がほとんどおらず、冤罪とか、痴漢と間違われるなんつーことはないわけです。

ですから、その辺にエロが充満していて、ネットはエロ満載でブロックされておらず、コンビニにはエロ漫画や雑誌が満載、男女恋愛自由で売春もバンバンやっているのに、女性が電車で隔離されている姿を見ると、湾岸諸国の人のみならず、先進国の人々は「なんぞこれ！」とぶったまげるわけです。

「あれは女性を守るためなのよ！」「仕方がないんだわ！」という女性の皆さん、でもね、他の国にも満員電車はあって、助平もいるんです。なんでこんなことになってるか。ブラック労働の末にストレス満々で欲求不満解消に痴漢やってしまう男性の存在、怒らない女性、助けない周囲でしょう、問題は。

必要なのは女性の「隔離」じゃなくて、働きやすい環境を作って欲求不満の男性を減らすこと、女性が強くなって「ふざけんじゃねえ！」と言うこと、「困った人がいたら助けよう」というサムライ精神や公共心を発揮する人が増えることでしょう。

誰ですか、日本が親切で礼儀正しくて公共心満載の人ばかりだって言ってる人。女性を家畜みたいに隔離している時点で、そんな人はいないとバレバレです。

イギリスなら「レディースデー」は訴訟問題

日本で女性をやっていると得することがあります。そう、「レディースデー」の存在。日本では映画館から飲食店まで、ありとあらゆるところで平気で「レディースデー」をやっています。これを聞いてぶったまげる海外の人多数です。なんでか？　だってトンデモ差別だから。例えばイギリスやオランダだったらどうなるか？


「女性ってどう定義すんのさ。見た目？　心？　出生証明書？」

「老人割引はないのか。老人は無職だぞ」

「なぜ男は割引にならないの？　貧乏な男だっているぜ」

「性転換手術受けたけど割引してよ」

「その辺の専業主婦より経済的には障碍者の方が何倍も困ってるよ。でも障碍者割引なし？」

「ジェダイ割引はないのか？」
「子供割引はないの？　子供は仕事がないからお金ないよ」
「失業者割引を優先にしろ。弱者は失業者だろ」

という文句が山のように飛んできて、映画館の前はデモ行進の嵐。ネットでも雑誌でも「何々映画チェーンはトランスジェンダーを考慮していない。構造的に差別しています!!」と抗議の嵐になるでしょう。冷蔵庫に入った写真を高校生がネットにアップするなんて問題になりません。

日本では女性は弱者ではありますが、老人や障碍者のような弱者ではありません。多くの人は自分で働いて食い扶《ぶ》持《ち》を稼げるし、歩けるし、目が見える。経済的に自立しようと思えばできなくないんです。

でも、まるで社会の最底辺の人々のように、こうやって「別扱い」されている。女性が消費を引っ張るからだ？　女性が財布を握ってるからだ？　流行を作るのは女性だ？　それホントなのかな。ホントは「別扱い」したいだけなんじゃないですか？　ホントは

「社会の最底辺」って思い込んでるんじゃないですか？　本当はそうじゃないのに。ランチバイキングを「レディースデー」割引で楽しんでる主婦が大量にいるホテルの道一本挟んだ向こう側の吉野家には、非正規雇用だからお金があまりなくて、でも短い昼休みに牛丼をかき込んでいる若い男性がいます。そんな風景を見て思いました。

ワタクシのイギリスやフランスの友人達は、「レディースデー」の存在を知って「御愁傷様。訴訟起こされずに良かったですね。でもね、外国人が増えたらどうなるかな」と吐き捨てました。

日本女性の同調圧力が凄まじい理由

日本の女性がたくさんいると起こる現象があります。それは「同調圧力の祭り」です。これは具体的にはどういうことかというと、

「このブーツ買っちゃった。いいよね〜。女優の何さんが履いてんの」

「今ピラティスにはまってんの。超いいよ〜。一緒に行くよね？」
「男って最低。うちの彼氏も超最低で、全然家事やんないし。マジうざいって感じ。ミッチーもそう思うよね？」
「ねえ、アキちゃん。あなた女の子らしくないわよ。もうちょっとお化粧しなよ」

そうです。無意識のうちに「あんたとワタシは同じ」「同じだから同調してよ」「同じだから共感するよね？」「女だからお化粧当たり前だよね。アンタもそれ理解してるよね？　当然だよね？」という**同質化と共感を押し付ける心理的な暴力**のことです。

英語で言うと「peer pressure」（ピアプレッシャー）つまり、意思決定する場や意見表明する場合に、少数意見を持つ人に対して強制的に態度を変えることを「強要する」様を言います。

同調圧力って、学者が研究していて広く知られている概念です。特に若い人の間や、新陳代謝がない組織では大問題になることがあります。若い人の場合、同調圧力のためにドラッグやお酒、暴力に手を出してしまうことがある。そして、悪い仲間から抜け出せなかったり、能力があるのに、行動や交友関係を変えたり、仕事を変えたり、住む場所を変えたりして上の階層に行くことができないんです。

イギリスの低階層の若者が仲間に「お前もドラッグをやれ」と同調圧力をかけられるように、日本では女性同士がピアプレッシャーをかけます。

「ミナちゃんは〜、キャリア系は目指さないんだよね〜。あたしも専業主婦になるし。同じだよね！」

「ミナちゃんも〜、このＪ‐ＰＯＰ好きだよね！　あたしも大好き‼」

「月曜日のあの連ドラ見た？　超面白い〜！」

これに対して、

「いいえ、ワタシは専門職目指してるの。だから今度の飲み会はパス。資格試験があるし」

「え〜と、ワタシが好きなのはインド舞踊曲なんだ」

「連ドラはあんまり興味ないかも。本読んでること多いし」

なんて言ったら次の日から無視や悪口が始まります。お昼には誘われなくなり、目の前で同じ職場の人の家に遊びに行った、今度スキーに行くの、という話が繰り広げられ、心理的なイジメが始まります。「違う人」は許さないのです。

なぜか?

だって、努力する人や、自立している人や、男性に頼らない人や、「女らしいこと」を重視しない人は、自分達より遠くに行ってしまうからです。非正規雇用で一般事務をやり、男性にこき使われ、家ではいつまでたっても帰ってこない旦那のためにご飯を作り、姑に嫌みを言われる自分達とは、違う人になってしまうからです。

そういう女性達は、注射針が転がっているイギリスの公営住宅から一生抜け出さない若者と何ら変わらないわけです。自分達は気がついていないけど。違う人は許せないんです。引きずり下ろしたいんです。自分より幸せになるのが許せないから。自分より自立するのはあってはならないことだから。

彼女達にとって、違う人がいることは、グループの同質性をぶちこわし、傷の舐め合いをする非生産的な活動を滞らせる犯罪なのです。

一方で、ワタクシはイギリスやアメリカ、イタリアで、様々な女性と接触し、あることに気がつきました。ある程度教育を受けている（大卒程度の）女性達だと、同調圧力があまりありません。ほとんどないといっていいでしょう。

なぜかというと、それらの国には、一言に女性とは言っても様々な国籍、肌の色、宗教、年齢の人がいるので、最初から「違うに決まってる」という前提があるからです。特に大都市には様々な人がいます。ロンドンなんて人口の半分が外国生まれです。金融やＩＴ業界などは外国人がもっと多いかもしれません。

だから「リタはこの連ドラが好きよね～」なんて同調を求める質問をしても「あ～ワタシは日本のドラマわからないね～。昨日はネパールのドラマ見てたよ」という返答が返ってきます。「このブーツ、超流行ってるの。ニッキーも好きよね？」と言っても「え～、アタシこういう子供っぽいのは嫌いだわ。セクシーじゃないし。色も地味よね。アタシはブロンドだからこういう色似合わない」という返答が返ってきます。

ワタシはワタシ、アナタはアナタだから、違うのが当たり前。違うからってだから何？　です。別に村八分にするわけでもないし、無視するわけでもない。だって違うのが当たり前だから。

体形も宗教も肌の色も育った環境も違う。だから同調しようがないんです。その代わりに「ワタシはこうよ」「ワタシはこう思うの」「ワタシはこれが好き」という「意見の交換」をします。そして「はいはい、そうですか、アナタはこうなのね」と納得しておしまい。

なぜ日本の女性の同調圧力は凄まじいんでしょうか？

ワタクシは、それは、異なるものを許容する恐れと未成熟な心が原因だと思います。

異なる人を受け入れるには、精神的な成熟が必要です。その人が好きなこと、違うことを受け入れ、受容する。同じことを求めるのは、精神的な未成熟性の表れです。なぜなら、相手の違いを理解し、咀嚼する努力がいらないからです。幼稚園児がイジメをやるのと同じです。

幼稚園児がイジメをやるのは、違うものを知らないからです。許容しないからです。

この同調圧力が、日本の女性が専門職を選ばなかったり（同級生に女らしくないと言われる）、自分の好きなように生きない原因なんではないか、と私は考えています。そして、成熟してないから、仕事でもマトモに相手にされないし、男性相手に議論しようが、抗議をしようが、マトモに相手されないんです。

尊敬されたいと思ったら、まずは違う人を許容しましょう。いつまでも女子会やってても、尊敬されないんですよ。

先輩面した人達の呪いが若い人を苦しめる

日本の年をとった女性達というのは、若い女性に呪いをかけるのが大好きです。

「結婚なんて我慢よ」

「男ってみんなだらしないのよ。あ～あ、みんな女が面倒みんのよ」

「旦那は最低なものなのよ」

「セックス、あんなもの大したことないのよ。儀式だわよ」

「旦那が死んでから楽しむの」

「高齢出産？　子供がかわいそうでしょ」

「育児は大変よ。地獄よ」

「無痛分娩はダメだわ。あんなの自然じゃない」

「分娩は超痛いのよ〜。でも痛いから意味があるわよね」

「母乳育児じゃないなんて、それでも母親？」

「あんた料理すらできないの？」

「ちょと、あんた女なのに気が利かないわ。最低ね」

「女なんだからそんな男向けの仕事しなくていいのよ」

「あんたの最高の人生は主婦になることだわ」


聞き覚えがありませんか。この後ろ向きな罵詈雑言《ばりぞうごん》の応酬。そう、私達のお婆さんや親の世代が延々と言っていること。ネットで先輩面した人々が延々と書いていること。まるで「あんたは人生楽しんじゃいけないのよ」と洗脳して、「女の人生は最低」と呪う言葉の羅列です。

旦那さんは人により違うし、育児が楽しい人もいます。セックスを前向きに楽しむ人だって大勢います。主婦になりたくない人もいます。分娩だって様々な選択肢がありまず。母乳育児じゃなかったから子供が非行に走るということは証明されていません。

なぜ先人達はこんなことばかり言うんでしょうか。それは、**自分より若い女性が自分より楽しいことが許せないからです。**イギリスの公営住宅に住む低階層の若者達が、上の階層に行こうとする仲間を引きずり下ろすのと同じです。

自分だって努力したり決断すれば、もっと楽しい人生を送れたのです。でもしなかった。しなかったから、不幸な人生を歩んでしまった。それが納得できないのです。納得できないから、自分より若い人を、不幸のループに引きずり込みたいのです。

日本のメディアやネットには、そういう呪いが溢れていておぞましくなります。欧州は、もちろん国により違いはありますが、全体的にもっと前向きです。特にイギリスは前向きです（暗いようで前向きなんです、この島は）。

例えば、高齢出産に関しては危険性をあおるばかりではなく、こういう医療技術があるからこんなに安全性が高くなりました、と前向きなことを伝え女性の不安感を取り除こうとします。育児に関しては、後ろ向きなことよりも、育児はこんなに楽しい、こんな発見があったと、子供を産む人や育てる人を祝福します。結婚については旦那さんと一緒に楽しい生活を送れるようにアドバイスします。料理が下手ならこんな持ち帰り料理があるわよ、とアドバイスします。

つまり、若い人がもっと楽しく、もっと前向きに暮らせるようなことを言うんです。そして、そのままを受け入れなさいね、アナタはアナタよ、というアドバイスをします。「何々じゃないからダメなのよ！」とは言わないのです。だって、その「何々」の定義が様々だから。

この先人達の呪いは、日本の女性達が「こうじゃなくちゃいけない。だからワタシは負け組なんだわ」と悩んだり、自分の生活や仕事を人と比べないといられない原因の一つだと思います。呪いを聞かされ続けているうちに、思い込みが激しくなってしまうのです。

―コラム―

世界の七不思議「日本女性の鳥声」

ある時、日本に短期のプロジェクトでやって来ていたドイツ人ヨハンさんが私に聞きました。

ヨハン「なぜ日本の女性は鳥のような高音の声で電話に出るのですか？　訪問したオフィスでも、電話する取引先でも、女性が電話を取るとあの甲高い、脳に突き刺さるような声で話しています。あれは何かの儀式なのですか？　ドイツにもフランスにもあのような声の人はいませんから、不思議でなりません。それにとても聞きにくい」

マユミ「ヨハンさん、あれは女性らしさをアピールしているんです。彼女達は礼儀だと思ってあのような声を出しているのです。普通に話せば低い声を出すこともできるのですよ」

ヨハン「え、ではセックスアピールですか？　なぜそんなことがワークプレースで必要なんですか？　誰がそんなことを期待しているのですか？　皆、家に帰ればパートナーがいるのでしょう？　私達の目的はプロジェクトを期日通りにデリバーすることです。ここはホステスバーではないですよ。おかしいですね。不思議だ。しかもあの女性達は30歳を超えています。なぜ落ち着いた喋り方をしないのですか。私には意味がわからない」

日本の女性達が「鳥のように甲高い声」で話すのは、「未成熟である」ことを演出することで、女性らしさをアピールするためでしょう。家ではお財布を奥さんに握られているのにもかかわらず、「女は未成熟で頭が弱いのが良い」と信じこんでいる（しかし奥さんの頭が弱かったら家計が破綻するのに矛盾していますね）日本のおじさん達には受けが良いのかもしれません。

しかし、「職場は成果を出してナンボ」に慣れており、大人の女性は成熟した声で話すのが当たり前、という文化圏からやって来た人には、「女性らしいーオクターブ高い声」は「おかしい。意味がわからない」と感じられたのです。つまり、成熟した、仕事をしている女性の話し方ではないね、ととられたわけです。

もちろん、ドイツと日本では文化の違いがありますが、残念ながら、海外からやってくるビジネスマンは文化人類学者でも社会学者でもありません。なんとなく文化的な違いなのかな、とは感じていても、未成熟な話し方をする人を、マトモな仕事相手として扱おう、とは思わなかったようです。

この日本女性の「鳥声」は、海外のネット掲示板でも「なんだあれ」と議論になるネタの一つです。

Why do most japanese women have a high pitched voice?（Dave Fさんからの投稿）

「なんで日本人女性って声が高いの？」

http://answers.yahoo.com/question/index?qid=20080718203349AAylisD

回答①　Oldwhiteguy2earthさん

Japanese women train their voices to have a high pitch. It is cultural. Loud women with lower voices are considered very un-feminine. The elevator operators in the finest department stores are chosen by their high-pitched melodic voices, and it is a thing of beauty to hear them announce the floors and all the items on each floor.

「日本人の女性はハイピッチな声で話すように訓練してるんです。文化的なものです。大きくて低い声の女性は女らしくない、と思われるんです。高級デパートのエレベーターの運用担当者（エレベーターガール）は甲高くってメロディックな声で選ばれます。そして、そういう声が各フロアのアナウンスとして響き渡るのは美しいことなんですよ」

回答② Jen さん

Man, I've always wondered the same thing.

Just Asian girls in general. Sometimes I wonder if they do it on purpose or if their voices are naturally like that.

「おい、俺も同じこと考えてたんだよね。アジア人の女の子って大体そんな感じじゃね？時々さ、あれ、わざとやってんのか、自然なのか、気になるよ」

回答③ La Wai さん

cultural conditioning. women are supposed to have a high voice. stupid but true. all asian cultures are kind of like that. i think it's on an almost subconscious level, like how all american women think that piling on makeup makes them look classy, and not slutty.

「文化的なもの。女は高い声であるべきっていう。バカっぽいけどホント。アジアの文化ってそんな感じだよね。なんていうか、ほとんど潜在心理のレベル。アメリカ人の女性が

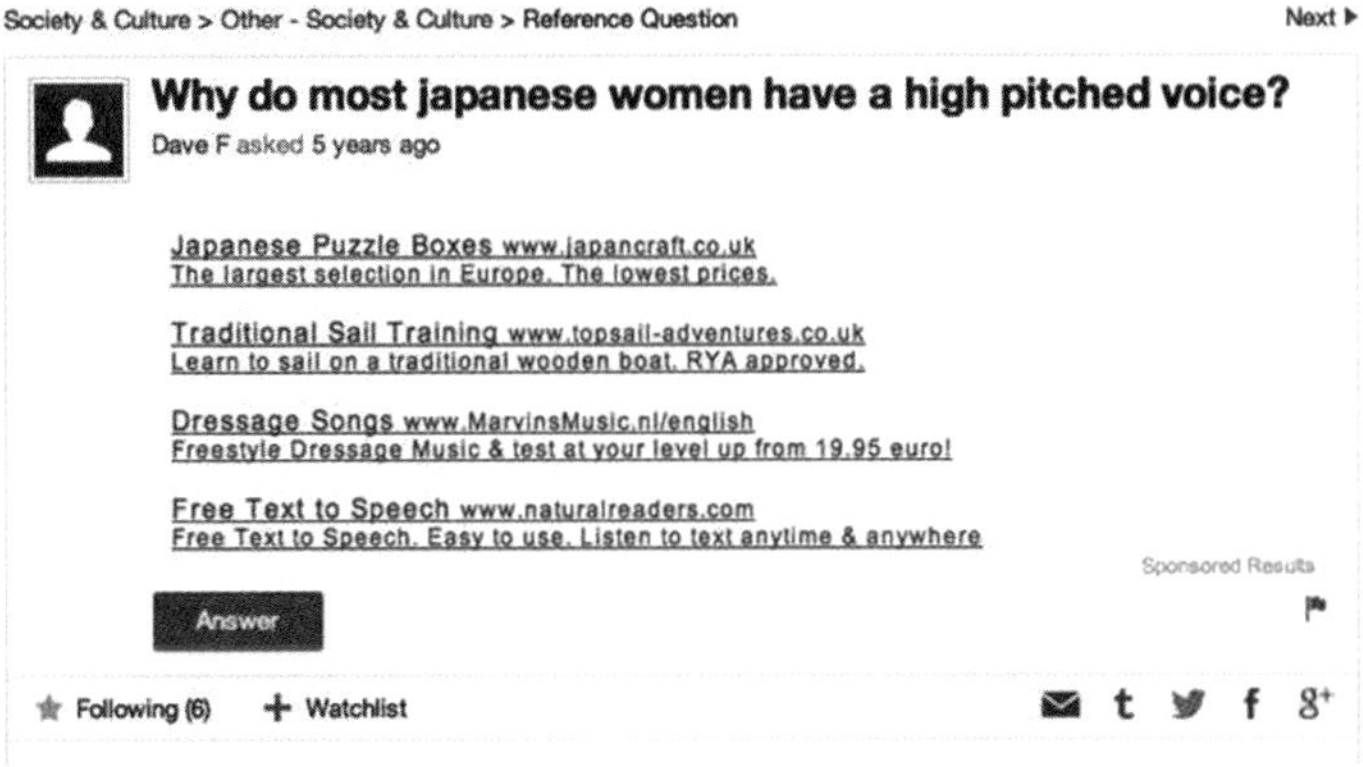
Society & Culture > Other - Society & Culture > Reference Question
Next ▸
Why do most japanese women have a high pitched voice?
Dave F asked 5 years ago
Japanese Puzzle Boxes www.japancraft.co.uk
The largest selection in Europe. The lowest prices.
Traditional Sail Training www.topsail-adventures.co.uk
Learn to sail on a traditional wooden boat. RYA approved.
Dressage Songs www.MarvinsMusic.nl/english
Freestyle Dressage Music & test at your level up from 19.95 euro!
Free Text to Speech www.naturalreaders.com
Free Text to Speech. Easy to use. Listen to text anytime & anywhere
Sponsored Results
Answer
Following (6)
Watchlist

べったりメイクを塗るけど、売春婦チックじゃなくって、なるべく上品に見えるように努力するのと同じ」

回答④　Lil' Poopoo さん

They wanna be cute. It works sometimes, but usually, it's annoying!

「かわいく見えたいってわけだ。効果があることもあるけど、大体の場合、超むかつくんだよ！」

1989年の天安門事件に関する報道で、中国系アメリカ人三世である妻のシェリル・ウーダン氏と共に、ピューリッツアー賞報道部門国際報道賞を受賞したジャーナリストであるニコラス・クリストフ氏は、日本の夫婦のあり方や女性に関して辛口な記事で知られています。彼は日本における「女性らしい裏声」（Feminine Falsetto）について次のように書いています。

「ヨーロッパの女性はもうコルセットに体を押し込むことはない。中国人はもう娘に纏足《てんそく》を強制しない。しかし日本女性の多くは、自然な声の数段階高い声で話す」（ニューヨーク・タイムズ　一九九５年12月13日　http://www.nytimes.com/1995/12/13/world/tokyo-journal-japan-s-feminine-falsetto-falls-right-out-of-favor.html）

つまり、日本の女性達は、ヨーロッパの女性達がコルセットで自分の体を縛り付けていた時代のように、「高い声」を出すことで「女性らしい」という周囲からの期待に応えようとしている、というわけです。それは、強制されていることでもあり、自分で自分を閉じ込めてしまっている行動でもあるわけです。

日本の女性達は、能力があるにもかかわらず、仕事相手であるオジサン達にへりくだり、自分を自分で見下すという、とても悲しい行動に及ばざるを得ないのです。

この記事は少々古いものですが、大人なのにもかかわらず、幼児のような声で話して自分を蔑んでいるのです。悲しくなりませんか？　女性達のお父さんお母さんは、彼女達が自分を蔑む人間になることを期待して産んだのでしょうか？　どんな親であれ、娘に期待するのは、堂々と、自分らしく、楽しく、そして幸せに生きていくことのはずです。

能力があるのであれば堂々とするべきですし、18歳を過ぎたのなら大人として、信頼してもらえるようなしっかりとした声で話すべきでしょう。自分を蔑む必要は全くないのです。自分で自分を蔑んだら、相手は「そういうものか。これでいいんだ」と思い込んでしまいます。

日本の女性の多くは、世界的に見ても高いレベルの教育を受け、能力のある人が多いのです。自分に自身をもって、堂々と、落ち着いた、大人の声で「私はこう思います」と話しても何の問題もないのです。

第2章

女性を活用しないと日本は没落する

外資系企業に日本人女性が多いワケ

日本には「外資系企業」というものがあります。外国の企業が出資して日本に作った支店や支社のことです。ワタクシのような外資系企業経験者で口の悪い人間は、あれのことを「植民地奴隷の置屋」と言うことがあります。外資系企業と言いますのは、「アジア太平洋本部」とかカックイイお名前が付いていても、所詮、支店や支社でありまして、一言でいうと「出張所」です。本部のオッサンやオバハン達の銭儲けを支援する「道具」にすぎません。そこで雇われる人間は、「出張所の使用人」であります。

番頭さんレベルならまだマシですが、大多数は単なる使用人です。出張所ですから、はっきり言いまして、極悪冷酷大国イギリスがアフリカやインドに作った植民地の管理所と変わらないわけです。どうですか、みなさん、「外資系勤務のイケメン」への幻想が消えましたね。そうです、あの人達は単なる「植民地奴隷」にすぎないわけで、少々の小銭を持っているという以外にはカコイイと言われる要素は何もないんです。

ですから、「外資系証券会社勤務の恋愛エキスパート」とか肩書きでほざいている男に会いましたら、「あなたは要するに植民地奴隷置屋で株屋をやっていてチンチンとマンコのことを考えている専門家、ということですね」と言ってやりましょう。あまりのショックで、居酒屋を出たとたんにドブに頭を突っ込んでしまうかもしれません。

さて、日本の「植民地奴隷の置屋」にはやたらと日本女性が勤務しています。その少なくない人々が、英語圏やら欧州に留学経験がある人とか、帰国子女とか、せっせと英語をやっていたような真面目なお方ですね。

なぜこの人々はやたらと「植民地奴隷の置屋」に勤めるかというと、まず、この「置屋」というのは、多くが銭儲け至上主義のアメリカや欧州の冷酷な会社の出張所だからです。この銭儲け至上主義の国の企業と言いますのは、とにかく儲かること＝成果が出ること、を「良い」としています。この人達は本当にドケチで、銭が大好きですから、銭儲けの成果というのを、毎月とか3ヶ月毎など、せっせと調べております。情も何もありませんので、重要なのは結果です。そして結果は短期で見るんです。

だから、植民地で自分らの指令を理解して、せっせと稼いで、成果を自分らの理解できる言葉で報告できる人間であれば、どこの誰で何歳でオカマだろうが、女だろうが、ジイさんだろうが、誰でもいいんです。

例えば、イギリスはアフリカでたくさんの奴隷をゲットしましたが、奴隷を船に詰め込む人は、奴隷候補をうまく選別して、うまく言いくるめて、奴隷船に押し込められる人であれば誰でも良かったわけです。それと同じです。

つまり、「植民地奴隷の置屋」の本部の人々は、稼いでくれる人間であれば誰でもいいと思っているわけです。奴隷が男だろうが、女だろうが、イケメンだろうが美女だろうが、どういうコネがあろうが、関係ありません。与えた指令をびしっと理解してこなしてくれりゃ誰でもいいわけです。

わざわざ「植民地奴隷の置屋」に応募してくる日本人女性というのは、そもそも、せっせと英語をやっています。人によっては英語プラス他の言語が流暢だったりします。

真面目です。熱心です。日本では、奴隷主様達のお言葉を商売のレベルで理解できる人材というのは、まだまだ限られております。多くの人々が「私英語ができる」と言うのは、本国では無職だった生ゴミみたいなガイジンさんと「今日は何のテレビを見た」「これを食べた」と犬でも話せそうな内容をカフェーでお喋りすることだったりします。奴隷主様はそんなことは求めていません。「何月何日までにこのシステムを設計し、3ヶ月以内に実装して、何とかシステムと連動しろ」という複雑怪奇な指令を実行せよ、ということです。

そこに登場するのが数年間外国でお勉強してきた日本女性です。そういう人は、そもそも外国でお勉強しようという凄まじい意欲があり、自分のお勉強にお金も投資しており、やる気満々。しばらく外国にいたので、巨体の奴隷主様も怖くはありません。言葉も流暢。しかも元々専門知識もあったりします。さらに、奴隷主様達の「考え方」や、お仕事の「やり方」を理解してしまいます。いちいち色々教えなくて良いので便利。奴隷主様達は楽々です。「おお、助かった！　働いてくれたまえ」とわりと高給で雇うわけです。

一方、そのような女性達の母国日本で、労働者（奴隷）の置屋である会社では、奴隷達が「何を実行するか」「どういう技能があるか」ではなく、「男か女か」「何歳か」「どこの学校を出ているか」「休まないか」「俺と酒が飲めそうか」という、結果とはあんまり関係ないことを見ています。

なぜかというと、置屋で力を持っているのは、芸者を斡旋《あっせん》するオタネさん（本社の外国人）ではなく、次郎、とか雅之、というお名前の悪代官風オッサン（日本人）だからです。オッサン達のいる置屋は、冷酷非情な外国の置屋と違い、「いくら儲かったか」「何割達成した」という成果の計り方がゆるかったりします。オッサン達自体が評価されたくないからです。

評価はあんまり重要ではないので、「おいらとユルーク飲んでくれて、あんまり怖くない子がいいなあ。顔はできれば檀蜜みたいなの」という基準で、自分の下で働く下層奴隷を選ぶわけです。

オッサン達は概して怠惰ですから、外国語なんてできません。なにせ学生時代はイタ飯屋に行ったり、エルメスのバーゲンに並んだり、マハラジャに行くので忙しかったからです。そんなところに、若いのに外国語ベラベラの女の子が現れたら困ります。自分のアホウがバレてしまうからです。

日本の管理職は「マネージメント」を理解していない

「植民地奴隷の置屋」には日本女性が大勢おります。管理職やら幹部になっている方もおります。さらに、日本企業に勤める男性の数倍の給料を稼ぐ方もちっとも珍しくございません。ワタクシの知人で「植民地奴隷の置屋」に勤務する女性の中には、20代でも年収が８００万円超える方がおりますし、30代とか40代だと２０００万円を超える方もおります。

しかし皆さん外資系コンサル出身とか、真っ黒なスーツを着た猪木みたいなオバハンというわけではなく、その辺のお姉ちゃんです。まあ、その辺の日本の会社にいる方々とあんまり変わりません。８００万円の方などコミケでBL本漁っている地味なお方で、服はユニクロです。英語はオーストラリアの僻地で勉強したので、今すぐワニを捕まえに行きそうな訛《なまり》丸出しです。

他の方も別に海外の超有名ＭＢＡを出ているわけでもなく、恐ろしくアグレッシブな方々ではありません。留学経験は一切なくて英語はＮＨＫラジオで覚えたとか、日本の会社ではずっと派遣でした、とか、どっかの州立大出身とか、そんな庶民的な感じですね。

ワタクシも一時期何ちゃらマネージャという肩書きで、外資系企業の末席を汚しており、システムの品質とか、人様がちゃんと働いているかどうかを監視するというゲシュタポみたいな仕事をやっておりました。ワタクシも皆様と同じく、別に超有名ＭＢＡの出身ではなく、外国で「趣味半分じゃねーか」と言われるようなお勉強をしてたわけですが、付属高校からエスカレーター式に進学したので日本では大学受験すら経験していません。

なんで大学受験しなかったのかというと、メタルを聴くのと、漫画とかサブカル本を読むことに熱中しており、単に面倒くさかったからです。そういうゆるい人でも奴隷主様の指令を理解し、専門技能さえあれば、「植民地奴隷の置屋」様は、なかなか良いポジションとお給料を用意してくださいます。

ちなみにワタクシの男性の友人で、「植民地奴隷の置屋」にいる人々も、元地雷探索人だったとか、元フランス外人部隊とか、元ミサイル発射装置の開発屋とか、40過ぎなのに頭がオレンジ色とか、救いようのないヲタとか、日本の普通の会社に応募したら入り口でアウトという、個性豊かな面々です。

話を戻しますが、「植民地奴隷の置屋」には、こういう個性豊かな人達がいる一方で、庶民的な、日本の会社にいる女性とあんまり変わらない人がたくさんいて、しかも結構重要な仕事をやっていて、結構稼いでいるという事実。

この事実が伝えるのは、「女は使えないと言ってるオッサン、問題があるのはあんたの方や」ということです。

まず、オッサン達が「女は使えない」と言う理由を考えてみましょう。オッサン達は、そもそも明確な指示を出すことができているのでしょうか？　ワタクシが知っている日本のオッサン達の中には、頭の中がうまく整理されておらず「フガフガ、フガフガ、あーうー。君、これやっといて」という「一体何を頼みたいのかわからない」という方がかなりおります。認知症ではありません。どこぞのお偉い会社のお方達です。

さらに、その方々は、「マネージメントとは何か？」がわかっておりません。

「マネージメント」とは、一言で言うと「資源を適切に配分し最大限の効果を生むこと」でありますね。

つまり、「お金とか人を一番良い方法で使ってたくさん儲けるということ」です。お金とか人を一番良い方法で使うには、まず「何をやりたいか」がわかってないとダメですね。さらにそれを「明確に指示」し、「どういう結果を期待するか」「報酬は何か」を提示できなければいけません。

例えばこんな感じですね。

「田中さん、ミサワが江頭2：50の格好で股間をビヨーンとやっているフィギュアを350個作って3月15日14時までにビレバンに納品して下さい。アナタの役割はプロジェクトマネージャです。成果は納品日時までにフィギュアが納品されたかどうかと、品質基準を満たしているかどうかです。前者の評価での割合は50%、後者は50%です。成果が想定を上回った場合は最高５００％のボーナスが出ます。想定する品質は海洋堂のルパンシリーズですが、細かい基準はここに書いてあります。報告はプロジェクト開始日から2日毎で、日本時間営業日の15時までに英語で３５０字以内で、システム上のプロジェクト関係者全員にお願いします」

実はこういう指示、「植民地奴隷の置屋」で普通に指令される「課題」です。「植民地奴隷の置屋」で切磋琢磨する女性はこういう指示の下でせっせと仕事をしています。そして成果を出しています。

つまり、きちんとした指示があれば、日本女性にも成果を出すことはできる、ということです。そして、その辺のバカ男よりも成果を出してしまう、ということがわかってしまうわけです。業務が細分化されていて、その結果が目に見えるからです。

「女は使えない」とボソっと言ってしまうオッサン達は、自分達には問題がないと思っているんではないでしょうか？　実は本当に自分がやって欲しいことは、飲み会やタバコ部屋で男性社員相手にグジグジ愚痴っている最中に言っていて、右記のように、文書にしても違和感がない形で、きちっとした言語で表現していないのかもしれません。

そこで、女性に「モシャモシャモシャ」といって仕事を投げて、自分の想定しない物が返ってくると「違う！　違う！　女はダメ！　プギャアア!!!!」と怒る。それでは4歳児ですね。女性はアナタのお母さんではありません。アナタが高いお給料をいただけるのは、「資源を適切に配分し最大限の効果を生むこと」を達成することを期待されているからです。

でも、それができないのに「女は使えない！」とダダをこねるなら、さっさと退出してはどうでしょう？　アナタも会社も女性もみんなハッピーになるはずです。

女性取締役が一人でもいれば、倒産の可能性が20％下がる

「女は使えない」とほざいているオッサン達は勉強が嫌いですので知らないかもしれま

せんが、実は女性を活用している企業が業績を伸ばしているのです。これはグローバルな事実です（はい、皆さんのお待ちかね、グローバル登場です。オウベイガーと叫びながら踊って下さい）。

例えば、大手金融情報会社であるトムソン・ロイターが、世界の４３００社を調査したところ、女性取締役がいる会社は経営状況が良い一方、女性が全くいない会社は、経営が不安定であるという結果が出ました。２０１２年には17％の調査対象企業の取締役の20％以上が女性で、45％の企業は10％以上が女性でした。同社は継続して調査を行っていますが、２００８年に比べ大幅に上昇しているのです。

面白いのは、日本だと保守的なんじゃないかというイメージのあるヨーロッパ＆中東＆アフリカ（ＥＭＥＡ）地域は女性取締役の数と割合が最も多く、次いで、アメリカだった点です。アジア太平洋における数は最低でした。同社のプロダクトマネージャであるアンドレ・シャーベ氏は「この調査の結果は、ビジネスにおいて男女の公平さに気を使っている企業は、投資感覚とビジネスの感覚に優れているという事実を後押しする」としています。（http://thomsonreuters.com/articles/2013/companies-with-women-

調査の結果では、「取締役会における女性の数が多い企業の収益率は高い。そのような企業は、経営陣の経験や技能の多様性に気を配っており、多様な情報を元に重要な経営判断を下す傾向が高いためだ」としています。(http://www.ft.com/cms/s/2/2d320562-f52d-11e2-94e9-00144feabdc0.html)

さらに驚くべき調査結果があります。イギリスの国立大学であるリーズ大学の研究によれば、会社に女性取締役がたった1人いるだけでも、その会社が破産する確率は20％も下がるのです。(http://raconteur.net/business/women-are-proved-good-for-business)

女性を活用する会社というのは、実は業績も良いのです。大手コンサルティングファームであるマッキンゼーは、リーマンショック後の不景気の最中であった2008年から2010年にかけてフランス、ドイツ、イギリス、アメリカの企業を調査しましたが、性別を含み、経営者が多様な企業ほど株価が高い、という結果を出しています。

取締役に女性がいる企業は、全くいない企業に比べて収益が56％も高かっ

board-members-may-have-an-edge-in-performance-and-stock-price)

Swedish Corporate Governance Board（スウェーデン企業統治委員会）が実施した

たのです。

また、そのような企業に共通する点は、女性管理職や取締役の割合が高く、職場における人材の多様化を「戦略目標」として掲げている点だとしています。経営に多様な視点やアイディアを活かすことで、ビジネスのチャンスを広げ、リスクを回避しているわけです。

例えば、このような企業の中で特に業績の良かったスポーツメーカーであるアディダスは、3年の間に女性管理職の割合を21%から30%に増やし、2015年までに35%にする目標を掲げています。(http://www.mckinsey.com/insights/organization/is_there_a_payoff_from_top-team_diversity)

激務なことで有名な経営コンサルティングファームも女性管理職の登用に熱心です。例えば大手経営コンサルティングファームのアクセンチュアのイギリス本社の上級管理職の30%は女性です。(http://raconteur.net/business/women-are-proved-good-for-business)

ロンドン証券取引所に上場している主要企業のうち、時価総額で上位100社の女性管理職の割合は12・5%ですから、その割合がどれだけ大きなものかわかります。

女性を活用する企業は「多様性予測定理」を実践している

ビジネスの世界では、「多様性予測定理」（Diversity prediction theorem）、つまり、より多様な情報や意見を元にすればするほど、予測や意思決定の精度が高まる、という理論が浸透しています。日本では2006年に発売されたジェームズ・スロウィッキー氏の『「みんなの意見」は案外正しい』（角川書店）という本で有名になりました。

企業が多様な人材を増やすのは、より多くの情報を手に入れ、それらを意思決定やサービス、製品に活かし、リスクを回避する、という「ビジネスの最適化」のためです。

これは、例えばたった一社の株券をいくらたくさん持っていてもその会社が倒産したら便所紙になってしまいますが、様々な会社の株を持っていたら1社が潰れてもダメージは小さい、というのと同じですね。

ワタクシの専門であるITの世界でも、停電、地震、洪水、機器の故障、火災、などのリスクを防ぐには、機器を置く場所を何ヶ所かに分散したり、回線を何社かに分けます。多様化することでリスクを分散するわけです。

また、何か新しいプロジェクトをやる場合は、アプリケーションの専門家だけではなく、建物、ネットワーク、汎用機、サーバー、無線通信など様々な専門家の意見を聞きます。意見が多様であればあるほど、新しいアイディアが出てきたり、リスクを事前に回避することができるからです。企業が女性を登用するのは、これと全く同じことです。

地球上の人口の約半分は女性で、サービスや製品を買う人の多くも女性です。業界によっては女性のお客様の方が多い場合もあります。

例えば、コカ・コーラのコーラを買う人の半分以上は女性です(多分その多くはダイエットコークでしょう)。同社はこの事実を重く見て、女性管理職の割合を23%から40%に増やしました。意思決定者に女性がいなければ、より多くの女性のお客さんをつかむことができないからです。

家計の出費の決定権が女性にある、という国だって少なくありません。そう考えると、企業の意思決定やサービスや製品作りに女性が関わることで、より良いビジネスになるのは当たり前です。女性のお客様のことを一番よく知っているのは女性なんですから。

また、女性を登用し、業績をアップさせている企業というのは、会社全体の「多様性」「国際化」「ローカライゼーション（現地化）」に力を入れているのも特徴です。「多様性」と「国際化」のために、様々な国の人を経営陣や社員として雇用することで、様々なアイディアを取り入れています。

「多様化」は、ビジネスを「ローカライゼーション（現地化）」するためにも重要です。グローバルな環境では、製品やサービス、管理のプロセス、製造工程を現地に合わせなければ良い収益をあげることはできません。権限をできる限り現地に移譲し、「本社VS支社」という組織構造でビジネスをするのではなく、異なる地域に自律的な機能を持たせてビジネスを進めます。多国籍、多人種、多様な人々は、現地の需要に合わせた製品やサービスを生み出すのに重要です。（http://www.mckinsey.com/insights/organization/is_there_a_payoff_from_top-team_diversity）

「外国人社員が増えると困る」

「外国人が上司になったらどうしよう」

「外国人社員が増えるとトラブルが増えるから面倒」

「女性は休みがちだから困る」

「日本人で海外留学していた人や日系人は新卒採用ではとりません」

「海外支社は本社の言うことだけ聞いていれば良い」

「本社の人間が上です。支社の人間はカーストの最底辺ですよ」

「マーケティングも戦略も全部本社で決めます」

「海外法人の部長の予算決裁権は一切ありません。全部本社に聞いてください」


どこかで聞き覚えがありませんか？　これ、日本の自称グローバル企業が実際に言っていることです。「多様化」「国際化」「ローカライゼーション（現地化）」が世界のトレンドだというのに、なんというずれ方でしょうか。まるでソ連の官僚機構のようですね。

部下のワークライフバランスこそ管理職の腕の見せ所

前述したように、アディダスは3年の間に女性管理職の割合を21％から30％に増やしました。そのために様々な努力をしています。ただ単に女性を昇進させるだけではなく、子育て支援、柔軟な勤務体制など、「働く環境の支援体制作りとその実行」にも力を入れました。ワークライフバランスが企業としての戦略目標なわけです。

制度というのは、あっても使われなければ意味がありません。アディダスのように多様性に力を入れている多国籍企業というのは、何か制度を作ったら「その効果」というのを数値で測ります。例えば、欧州の大手の会社であれば、有給休暇の消化率、出産した女性の産休取得率や復帰率、採用された人の国籍の数、など「実際に使われたかどうか」を調査して、四半期毎、年次で発表するのです。戦略目標の一部ですから、結果を計測して実行されたかどうかを精査するわけです。

多くの会社では、そのような「結果」は上級管理職の業績目標の一つです。

また、管理職の仕事の一つは、例えば出産した女性が産休制度などを使う場合、産休によるリスクを予測して、それを回避する策を用意し、実行することです。例えば、その人がしばらく会社から抜けても仕事が回る仕組みを作ったり、産休中は臨時の人を雇ったりするわけです。

もちろん女性側にも制度を使う上での責任はあり、妊娠がわかったらすぐに報告し、管理職がリスクを回避する策を立てたり実行する手助けをします。制度を使うのだから、手助けもするという、Give and Take の関係です。一方的に権利を主張するわけではありません。

ところでこういう機会というのは、実は管理職にとっては腕の見せ所です。嫌だなあ、面倒くさいなあ、迷惑だなあ、という人もいますが、できる管理職ほど「よっしゃ。スミス君が産休に入るのにはこういう配慮をすればいいいな」と、こういう機会を「新たな挑戦」として対応します。

それを周囲の人も見ていますから、うまい配慮をする管理職というのは「良いマネージャ」として尊敬され、他の部署の人も仕事をするのに協力してくれますし、他社から有能な人材が来てくれることもあります。結果、配慮する管理者というのは、仕事がうまくいくようになる、というわけです。

一方で、配慮しない管理者には悲惨な結果が待っています。

例えば出産した女性の退職率があまりにも高い場合は、「ちょっと、君の部署、何かおかしくないかね？」と経営陣に追及されてしまうのです。

もちろん女性を支援する制度だけではなく、社員の病欠取得率、退職率なども評価の対象です。数値で出るので、他の部署の人だけではなく、他社にもバレてしまいます。

「うわ、あそこの部署って退職率高いよね。何かが変なはずだ。あそこに異動するのやめよう。転職したがってる友達にも勧めるのやーめた」

「あの会社って、出産した女性の定着率が悪いんですって。たぶんさ、ブラック。真っ黒。仕事がきついとか、多分差別もあんだよね。就職しない方がいいよね〜」

という噂がグルグルまわります。数値で表示されるのでたまったものではありません。

他の部署には協力してもらえないし、嫌われるし、他社からは良い人も来てくれない、という恐ろしいスパイラルが待っているわけです。

こうやって、制度の「実施」をモニタリングし、業績に加えてしまうわけですから、制度を利用しづらい空気、というのは消えて行きます。使わないと「良くない管理者」になってしまうわけで、管理者の方は、自身も制度を使いますし、部下にも積極的に制度を使うように説得します。

このように、人為的に制度を使わざるを得ない仕組み、というのを作っているわけです。こういう制度を作って「実施」しなければ多様性が達成されない。多様性があるからこそ会社の業績が良くなる。これぞまさに「マネージメント」＝「資源を効率的に配分し最大限の効果を生むための活動」という感じがしませんか？

そういう制度の実施状況も評価され、なおかつ、会社のビジネスの評価もあるわけで、欧州や北米の企業や公的組織の管理職や経営者の仕事というのは、実はものすごく大変なわけです。

日本でも大企業は、欧州や北米の企業のように制度の実施を業績目標に取り入れているところもありますが、モニタリングや評価は、欧州や北米に比べたら甘いところが少なくありません。また制度だけ作り「やってます、やってます」というポーズだけとって放置、という会社の何と多いことか。実行しなければ意味がありません。それはダイエット本を買って眺めて終わってしまうのと同じ！　大変原始的ではありませんか。

「君、子供いつ産むの？　産んだら辞めるんだろ？」などと平気で言ってしまう日本の管理職や経営者というのは、なんと安楽な仕事をしているんだろうと思わざるを得ません。

出産退職させるよりサポートするほうが低コスト

日本のオッサン達は、「子持ちの女性は大変優秀な労働力である」ということを理解しなければなりません。女性は子供を産んだらいなくなってしまう人、面倒くさい人ではなく、忠誠心が高く熱心に働く素晴らしい就業者なのです。

まず、子供を持つようになる年齢の女性は、既にキャリアがある人々です。日本では晩婚化、晩産化が進んでいるので、初産の平均年齢は30・1歳で、出産年齢は年々遅くなっています。

大卒の人だと、23歳で就職して6〜10年働き、一通り仕事を覚え、スキルも充実してきた頃に結婚、出産するわけです。企業側が一から教育訓練せずにどんどん働いてもらえる頼もしい層にあたります。こういう女性達が離職してしまうと、また新たに誰かを雇用したり、訓練しなければなりません。採用や訓練の手間や費用を考えたら、一時的に職場を抜けるとしても、そのまま働いてもらった方が効率が良いのは目に見えています。

例えば、中途で同年齢の正社員を雇うには、人材エージェントに採用者の年収の10〜30%を払って候補者を探してきてもらい、何人も面接し、給料や待遇を交渉するという大変な手間とお金のかかる作業が待っています。人件費の10〜30%というのは決して小さい金額ではありません。

また、採用した人が職場に合うのかどうかもわかりませんし、知識やノウハウを覚えてもらうには、長い場合1年以上かかることもあります。元の担当者である女性が、仮にかなり能力の高い人であった場合、代替は不可能という場合もあります。

特に、日本の組織にはありがちですが、知識やノウハウ、人間関係が属人化している職場こそ、元の女性にいてもらった方が助かるわけです。ビジネスのトータルコストを考えて、女性をサポートする体制を作るべきです。

さらに、**女性は管理者や経営者にとって、ビジネスリスクの低い従業員なのです。**例えばアメリカの調査会社であるギャラップが２００８年から２０１１年に実施した「アメリカの職場の現況に関する調査（STATE OF THE AMERICAN WORKPLACE)の結果は衝撃的です。この調査は１８３ヶ国、２５０万人の働く人に対して実施している大規模調査です。(http://www.gallup.com/strategicconsulting/163007/state-american-workplace.aspx)

調査の結果、アメリカにおいては、33%の女性は「仕事に大変やる気がある」と答えたのに対し、男性は28%でした。その差は大きくはありませんが、ギャラップは「女性は職場での階層が決して高いとは言えず、賃金や昇進でも不利なのにもかかわらず、男性よりもやる気があると答えている点に注目すべきだ」としています。

やる気度が違うのは、女性と男性では仕事に対して求めていることが違うから、というのが理由の一つです。同調査は、「何が職場でのやる気を決定するか」も質問しています。女性の場合は「職場の友達」「人間関係」「人の役に立っているかどうか」だったのに対して、男性は「地位」「会社のミッション」「自分の報酬」と答えています。

つまり、女性は、お金や地位には関係なく、仕事に「自己実現」や、「人生の一部である人間関係」「友達と協力するような環境」を求めているのに対し、男性は「自分がいかに得するか」「自分がどのぐらい稼げるか」という「自己中」なことを求めているわけです。

面白いのは、このような結果がチェコスロバキア政府が実施した調査でも同じだったことです。女性は自分が良い仕事をしているかどうか、昇進や賃金、ボーナスよりも、職場で尊敬されるかどうか、誰と働くか、ワークライフバランスなどを重視しています。

(http://www.eurofound.europa.eu/ewco/2006/01/CZ0601NU04.htm)

調査の結果は決してアメリカ特有のことではないのです。

ギャラップの調査結果が示すように、やる気がある人が多い職場というのは、業績が良く、社員が病気になる確率が低く、争いごとが少なく、離職率が低く、サービスや商品の欠陥率が低くなります。自分が経営者や管理職だったら、やる気のある人とない人のどちらを雇うでしょうか？

私なら、やる気があり、自分のことばかり考えないで、周囲と協力する人、仕事に何か意味を見つけようとしている人です。自分がいかに得をするかばかり考えている人は、職場で同僚を引きずり下ろしたり、不正を働いても何も感じないかもしれません。

企業は人なり、と松下幸之助さんがおっしゃいましたが、そんな「危ない人」が会社にいることは、ビジネスにとっての大きなリスクです。隠蔽や収賄、従業員へのイジメなどが大きなビジネスリスクになったケースを覚えていない方はいないでしょう。

高学歴女性が労働市場で活かされていない

日本の女性は実は雇用しやすい優秀な勤労者です。なぜなら、その多くは根強く就労を希望しているからです。

経済協力開発機構（ＯＥＣＤ）の調査によると、日本の労働年齢の男性の88％は働いているにもかかわらず、女性は63％にすぎず、ＯＥＣＤ諸国の中で5番目に大きなギャップです。大学レベルの教育を受けた女性の就労率は68％で、79％というＯＥＣＤの平均に比べかなり低いのです。また、就業している女性の34・8％は非正規労働（パートタイム）ですが、ＯＥＣＤ平均の26％を大きく上回っています。

つまり、日本では他の先進国に比べ、高学歴女性が労働市場で活かされておらず、能力以下の仕事をしている、もしくは働いていない、というわけです。

しかし、そうした働いていない女性の多くは、就労を希望しています。２０１３年版

高学歴女性の労働力国際比較

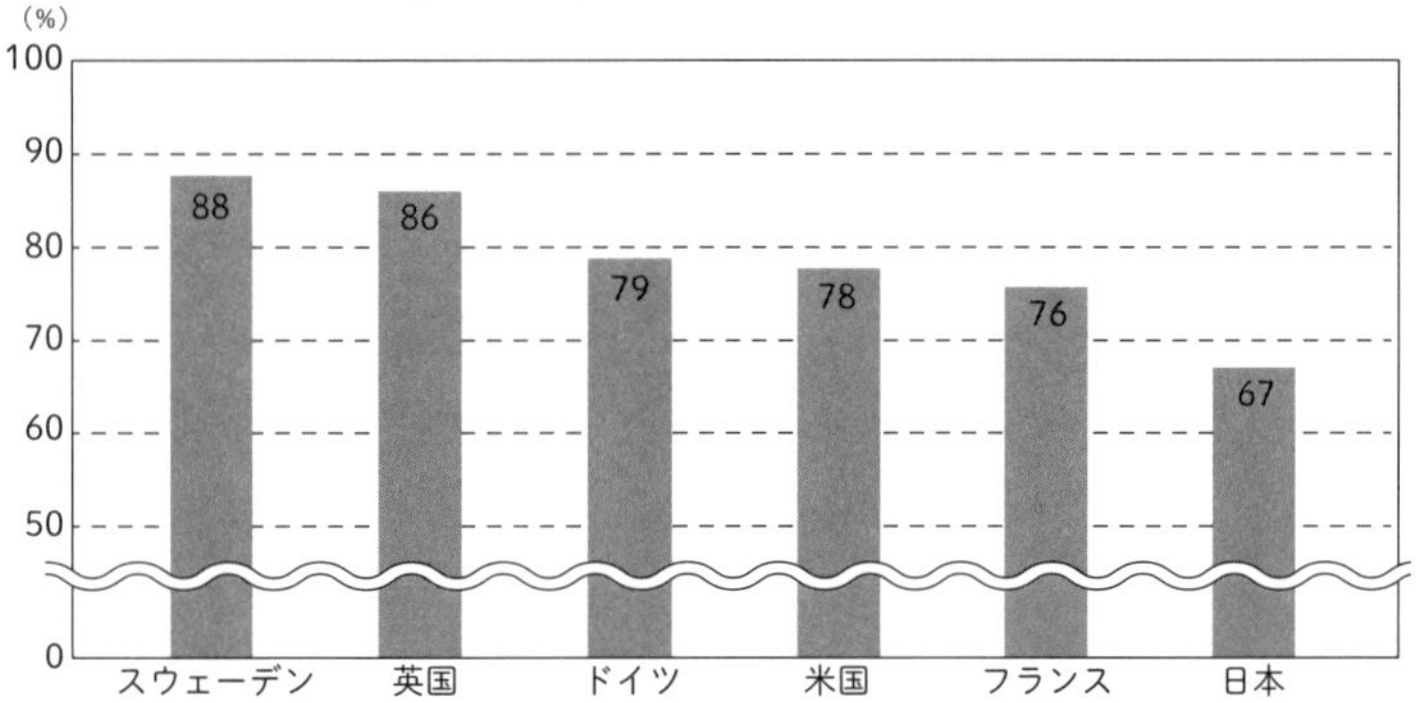

(備考) 学歴は大学・大学院に相当。年齢は25 〜 64歳。各国2003年のデータ。
*出典:経済産業省　通商白書 2006年版

の「男女共同参画白書」によると、15歳以上で働くことも仕事探しもしていない女性のうち、**就業を希望する人はなんと303万人**に達しているのです。この中には、子育てなどで離職した人が大勢含まれています。71・9%が非正規雇用を望んでいますが、非正規労働の方が柔軟性があるため、子育てや出産などをしながら働きたい、という人が少なくないことの表れでしょう。

ここからわかるのは、出産や子育て、家庭との両立をサポートすることができれば、働きたいと強く望んでおり、高い教育を受けた女性に働いてもらうことができる、ということなのです。「どうしても働きたい」と望んでいる人と「嫌だけど働いてみるか」という人がいたら、パフォーマンスが高くなるのはどう考えても前者です。日本の女性というのは先進国の中でも教育レベルが高く、大変高い潜在力を持っているのです。そして、働きたがっているわけです。（http://www.oecdtokyo2.org/pdf/theme_pdf/education/20130625eag2013_cntntjpn_j.pdf）

海のものとも山のものともわからない外国人や、経験やスキルが足りない若手の人を雇うよりも女性を雇う方が楽なわけです。なにせ働きたくてしょうがないのですから。日本には移民受け入れや、団塊の世代の退職による人材不足など全く心配する必要がない雇用増加の余地が膨大にあるのです。

政府の施策は大間違い！保育サービスを増やせ

経済産業省は、我が国の大学・大学院卒女性（30〜64歳）が米国女性並みに就業したと仮定して、潜在労働力と潜在的な付加価値創出額を試算しました。なんと、その結果

女性がアメリカ並みに就業すれば1.7兆円の価値を生む

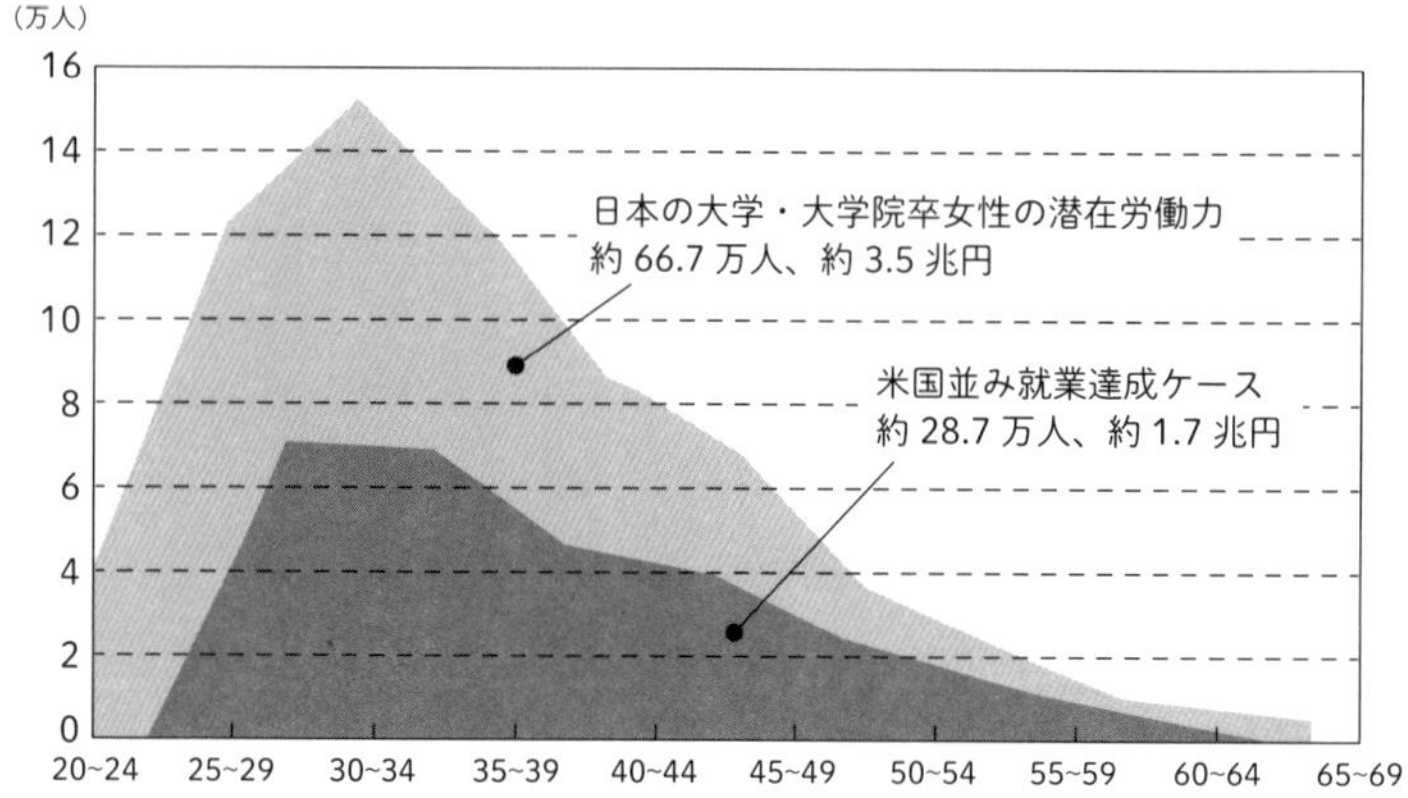

*出典：経済産業省　通商白書 2006年版

は、就労人口は約28・7万人増加、付加価値創出額は約1・7兆円（対GDP比約0・3％）であります。（http://www.meti.go.jp/report/tsuhaku2006/2006honbun/html/i3331000.html）

安倍晋三政権は、成長戦略の目玉の一つに「女性の活用」を掲げており、具体的な施策の一つとして、育児休業を3年間まで取得できるようにすることを提示していますが、この施策では女性の潜在能力は活用されないでしょう。

3年間育休を取ると、その間は実質失業者と同じで経済には貢献しません。しかも日本の組織は欧州や北米の組織のように、各自の担当業務がはっきりしていないので、その人の業務はそのうちユルユルと誰かに回されて、ポジションがなくなっている可能性が高いわけです。2012年度の**厚生労働省の調査によると、男性の育休取得率は1・89%、女性は83・6%なので、政府が言いたいことは「子供の面倒は女が家でみてろ」ということです。**

また、政府は、育児休業を取得した人に雇用保険から休業前賃金50%を支給する「育児休業給付」を、当初の半年間に限って67%に引き上げる方向ですが、これも大問題です。育児休業に入る前の2年間、11日以上働いた月が12ヶ月以上あることが支給条件ですが、日本で就労する女性の約半分は非正規労働者で、雇用が短期なので条件に該当しない可能性が高いわけです。つまり、正社員や公務員にはどうにかするけど、非正規は知らないわ、ということです。

こんな愚策を誰が考えているのか知りませんが(多分保守派の年寄り政治家でしょう)、女性の就労を支えるのに必要なのは、保育サービスと、クーポンなどによる育児支援給付の充実です。

日本の保育サービスに関する問題点は待機児童増加ですが、これは、そもそも保育所の数や収容人数が少ない、保育に携わる人が少ないため、サービスの供給が少ないわけです。労働時間が長いのにもかかわらず、それに合ったサービスも足りていません。保育サービスを充実させて、女性は育児をアウトソースして働いた方が、キャリアが分断されない上、その間、経済にも貢献し付加価値も創出されます。

育児サービスも多様化する必要があります。しかし、日本は保育に適した設備を新たに建てるのはお金がかかり、働き手の確保も大変なので、従来型の保育施設には頼らない仕組みを政府が推進しても良いのではないかと私は考えています。

イギリスは公立の保育所は少ないのですが、育児サービスは様々です。例えば、育児経験のある女性が自宅を開放して自宅保育園をやる「チャイルドマインダー」は60年以上前からある仕組みです。チャイルドマインダーは「国家職業基準資格」で、OFSTEDという政府機関の審査を通った人が、1時間600~1000円ぐらいで子供を預かることができます。

また、オペア（Au Pair）という仕組みもあります。イギリスで英語を学びたい人や、イギリスで働きたい人が、一般家庭にホームステイしながらベビーシッターや家事をやるという仕組みです。多くの場合、住居と食べ物が提供され、月3万〜6万円のちょっとしたお給料が出ます。労働時間は1日5時間ぐらいです。

EU加盟国の人の場合、就労許可がいらないので、そのままイギリスに来てオペアをやることが可能です。ブルガリアとルーマニアの人も就労許可なしにイギリスで働くことができるので、大勢のオペアがやってくると予想されています。ブルガリアやルーマニアなどの東欧諸国は月給が2万円ぐらいとか、田舎の方だとそれ以下の町や村もあるので、月3万〜6万円で生活費がいらない、しかも英語も勉強できるというのは悪い条件ではありません。また、EU以外の人の場合、Youth Mobility Schemeというビザでオペアをやることも可能です。

イギリスには The British Au Pair Agencies Association（BAPAA）という団体があり、オペア産業のガイドラインなどを作成しています。オペアは専門の派遣会社経由で雇うことが多いですが、個人契約している人もいます。ロンドンなど大都市だとオペア希望者が多いので雇いやすいです。

日本では保育施設を急に増やすことはできない、保育専門家が足りないと言っていますが、政府は育休を増やしたり、育児手当をちょっとだけ増やすよりも、イギリスのように保育サービスを多様化したり、施設を作らないで、民家を使って保育サービスを提供できるような仕組みを作るべきです。

例えば、日本の中高年は元気な人が多いので、チャイルドマインダーのような仕組みがあったらやってみたいわ、という人は少なくないのではないでしょうか。オペアだって、例えば地方から都会に進学する学生がやるという方法もあるでしょう。子育て中の人が助かる上に、経済的に進学が厳しいと言っている人が進学できるようになるかもしれません。

さらに、育児支援給付の多様化も必要です。イギリスに限らず、**欧州では保育施策は女性の就労支援とセットになっており、保育支援だけではなく、税控除や働きやすさを促進する規制を作ることに熱心なのです。**働いてもらうことで経済を活性化させ、女性は仕事があることで経済的に安定するので子供を産もうという気になります。

少子化のそもそもの原因は「日本の働き方」

なぜかあまり議論されることがないのですが、日本の少子化や女性の就労率の悪さの根本的な問題は、日本の働き方です。すっかり老成した国なのに、貧しかった頃の働き方をしています。働く時間が長いので、家庭と仕事の両立が不可能なのです。なぜ日本はこんな働き方なのかというと、

（1）物事の優先順位をつけるのがうまくない
（2）個人の役割や業績が不明瞭
（3）経営者や管理者が、必要がないのにオフィスにいることを強制する「プレゼンティズム」から脱してない
（4）リモートソリューションや仮想化ソリューションなどのＩＴサービスを活用していない、もしくはそれらに投資しない

（5）経営者や管理者に、短い労働時間＝良い労働環境＝良い職場＝優秀な人を引き寄せられる、という思考回路がない

という5つが原因です。世界の成功している先進国の潮流は日本の正反対です。例えば、**ギリシャやイタリア、スペイン、ポルトガルなど経済的に破綻している国ほど労働時間が長いのですが、ドイツや北欧は労働時間が大変短く、労働生産性が高いのです。**ドイツの労働生産性はギリシャより70％も高いのです。

(http://www.economist.com/blogs/freeexchange/2013/09/working-hours)

短く集中して働くと、生産性は高く、良いアウトプットを産むことが可能、さらに、従業員のモチベーションは高く、病気になる確率も少ない。そこでさらに仕事の質が上がる、という「短時間労働の良いサイクル」があるわけです。また、短く集中なので、子育て中の社員や介護中の家族がいる優秀な人も働くことが可能です。埋もれた才能を活用することができるわけです。

ドイツや北欧、イギリスなどでは、実はかつては日本のように、生産性の低下、保育支援で頭を悩ませていたことがありました。例えば30年前のイギリスでは、日本と全く

同じように保育施設が足りておらず、就労希望の女性の足かせになっていたのですが、様々な施策を実行することで、問題を解決してきたのです。日本は80年代の北欧州諸国に似ています。

日本では少子化や女性の就労に関して、政府施策をゴチャゴチャと議論はしますが、「短時間労働の良いサイクル」を頭に置いた上で、どうしたら最も良い「仕組み」を「設計」＝「デザイン」することができるのか、という思考が抜けています。これは、政策や規制により、社会をデザインする責任のある政治家や官僚、学者、さらに、それらを批判的に議論する材料を提供するメディアが、根本的原因は何なのか？　を十分考えていないことが原因です。

日本で官庁街を歩くと、朝2時、3時までオフィスの電気がついていることが当たり前です。ワタクシの知人の官僚の方も真夜中まで働くのが当たり前です。世の中をデザインする人々の生活がメチャメチャなら、マトモなアイディアが湧いてくるわけがありません。

働き方が変われば「イクメン」がいかにバカげた言葉かわかる

労働生産性の高い国では、日本で注目されている「イクメン」というバカげた言葉はありません。「イクメン」とは、子供をお風呂に入れたり、お弁当を作ったり、家事をやるなど、育児や家庭生活に積極的な男性のことです。

そもそも、お弁当を作るとかオシメを取り替えるとか、生ゴミを出すとか、町内会の会費を払うとか、床を拭くとか、そんなことは「やって当たり前」のことです。日本では Facebook が「おとぎ話の中の素敵なワタシ」を演出する壮大な嘘つきマシーンになっていますが、あの嘘つきマシーンでは「当たり前」のことを書いて写真をアップしたりしませんね。例えば、

「ワタシ、今日はドメストで便所掃除しました。黄ばみがすっきり取れたわ」

「ワタシ、今日は脇毛を抜きました」

皆さん、こんなものに誰が「いいね」を連打するというのでしょう。反対に「ウセロ！」ボタンを付けていただきたいものです。

つまり、自称「イクメン」男が「僕はお弁当作ったんでちゅ～」と言い張るのは、あれはイベントです。自慢です。「普通ではないから」アピールするのです。家事をする時間もやる気もないのです。家事や育児は彼らにとって遠足のようなイベントなのです。

考えてください。そもそも、仕事のやり方が変わり、大半の人が定時に帰るようになり、サービス残業などというバカげた無償労働がなくなったら、オットも家に帰って排水溝のヌメリを磨くはずなのです。そう、「イクメン」は消滅します。

イギリスには「イクメン」というバカげた言葉はありません。そんな言葉があって、「僕はお弁当作ったんでちゅ～」とアピールしたら、女性陣に「ふざけんな、はあ??」とメンチを切られてボコボコに殴られて終わりです。ここの女性は怒ると本当に殴ります。そのぐらい強いわけです。

なぜかというと、弁当を作るとか、家事をやるというのは、生活してる人として当たり前のことで、自慢することではないからです。一部の人々を除き、イギリスではオットも定時とか早めに仕事を上がり、子供を幼稚園に迎えに行き、生ゴミを捨て、時にはローストビーフを焼き、掃除機をかけるのです。

「イクメン」なんて言葉を使っている我が母国の人々の意識は、発展途上どころか、没落先進国です。そして、問題の根本を理解していないアホウ揃いなのです。

—コラム—

日本政府は本当に出生率を上げたいのか？

妊娠や産休、育児休業に関わる法律を犯した企業が厳しく罰せられない、そもそも訴えの件数が大変少ない、賠償金が安いというのも、先進国の外国人にとっては驚きの連続です。

日本は出生率が先進国の中では最も低く、人口がどんどん減っている一方で、高齢者が爆発的な勢いで増えています。すでに日本の総人口の25%が65歳以上になってしまっているのです。

減っていく人口で、増えて行く高齢者や国の借金、さらには、福島原発の処理をどうにかしなければならないのです。それなのに、日本の政府には、妊婦や出産後の女性、さらには育休中の人、子供を育てている人を助けて出生率を上げよう、という気は全くないようです。出生率が低い低いと大騒ぎしている割には、一体何がしたいのかさっぱりわかりません。

母性保護の手厚いフランスをはじめ、多くの先進国では、企業や管理者、または同僚が、妊婦さんや出産した女性、もしくはそのパートナーや、子供を持ったゲイやレズビアンのカップルに対してのイジメや嫌がらせをし、メールや目撃者の証言、文書などの証拠がある場合は、かなり高い確率で有罪となり、罰金を払わなければなりません。そのぐらい厳密にして企業に法律を守らせるのです。

また、違反するような企業は、「ブラック企業だ」という風評が広がり、良い人材は来なくなってしまうでしょう。妊産婦や育児休業中の人をいじめるような企業は、人種差別をしたり、宗教差別をしたり、ゲイを差別したり、病気や立場の弱い人をイジメる可能性が大変高いからです。誰だってそんな職場で働きたいとは思いません。

例えば、イギリスの場合、妊婦もしくは産休取得者への差別は「Sex Discrimination Act」（性差別禁止法）、さらに、「Employment Rights Act」（雇用権利法）、「Maternity and Parental Leave, etc Regulations」（出産・育児休暇等に関する規則）で厳しく禁止されています。

イギリスでは２０１１～２０１２年の間に、不当な解雇などで雇用審判所に32万件の訴えが持ち込まれました。雇用裁判所とは、日本だと労働審判委員会にあたる機関です。日本だと年間の訴えは３７００件ほどですから、イギリスでは訴えがいかに多いかというのがおわかりになると思います。

日本は人口がイギリスの2倍ですから、仮に日本でイギリス並みの訴えになった場合、年間64万件の訴えがあるはずです。法の遵守に気をつけており、ハラスメントや人種差別などにはかなり注意しているイギリスでもこの件数ですから、ブラック企業が当たり前の日本であれば、訴えの件数は数倍になるかもしれません。


なお、イギリスでは妊婦や産休、育休取得者への差別やハラスメントは、雇用権法や産休規制法、差別禁止法など、様々な法律にまたがって複数の訴えが起こされることが多いので、労働裁判所の統計からは、妊娠や産休、育休に限った件数は不明です。

(https://www.gov.uk/government/uploads/system/uploads/attachment_data/file/218497/employmenttrib-stats-april-march-2011-12.pdf)

以下を要求して職場でイジメや嫌がらせに遭った場合は、「差別」もしくは「ハラスメント」と断定されます。

・母親&父親教室へ参加するための休暇を拒否される
・妊娠中、健康上および安全上の理由で業務ができない

・産休・育休取得を申請した、もしくは産休・育休を取得している（男性の育休も含まれる）
・妊娠中に具合が悪くなり仕事ができないことで懲戒される
・産休中および育休中の給料が支払われない
・妊娠したために解雇される
・不妊治療に参加するため休暇を取得したことで懲戒される

（http://www.maternityaction.org.uk/sitebuildercontent/sitebuilderfiles/pregnancyandmaternityrelatedproblems.pdf）（http://www.adviceguide.org.uk/wales/work_w/work_discrimination_e/discrimination_at_work_because_of_pregnancy_or_maternity_leave.htm）

また、雇用者は、母親になった人に対して、適切な安全と健康を保証し、授乳する機会を提供する義務があります。17歳以下の子供がいる人が時短勤務や柔軟な雇用形態を希望した場合は対応しなければなりません。

（http://www.ms-solicitors.co.uk/employee/discrimination-in-the-workplace/pregnancy-discrimination/factsheet-pregnancy-and-maternity-discrimination/）

差別やハラスメントの認定は、通常雇用審判所で行われ、差別やハラスメントを受けた人への賠償金が計算されます。また、これらの法律は、男性の育児休業にも適用されます。

子供が産まれた直後には2週間の取得が許可されており、希望する場合はさらに26週間の育児休業を取得することができます。この育児休業は、ゲイやレズビアンのカップルの場合にも適用されます。

また育児休業の一部は、配偶者や同性のパートナーの育児休業として使用することも可能です。面白いのは、育休を取得するのが男性であっても、女性と同等の損害賠償を受け取ることができることです。それだけ、男性の育休というのが「権利」として認知されているのです。

イギリスでは男性でも最高28週間の育児休業を取得することが可能です。例えば「Vance v Charles Hurst Ltd NIIT/01501/10」というケースでは、北アイルランドにあるLexusのショールームで働いていたVanceさんが、育児休業取得後にレイオフされてしまいます。雇用審判所はこれを違法とし、企業に6万5300ポンド（1ポンド＝170円換算で約1000万円）の支払いを命じます。(http://www.xperthr.co.uk/law-reports/in-the-employment-tribunals-july-2011/109785/#vance)

有識者が法律違反を推奨している

また、日本でまかり通っていて海外の人に驚かれることは、有識者として政府の委員会に出たり、テレビや雑誌に出ている人々が、堂々と、法律違反を推奨してしまうことです。母性や子供の保護は、法律以前にモラルの問題ですから、人権問題同様重いことだと考えられます。

例えば、2013年には作家の曾野綾子さんが次のような発言をされました。少し長くなりますが、引用します。

最近、マタニティ・ハラスメントという言葉をよく耳にするようになりました。マタハラとかセクハラとか、汚い表現ですね。妊娠・出産した女性社員に対する嫌がらせやいじめを指す言葉ですが、この問題に対し、企業側は、反対意見を言えないよう言論を封じ込められているようです。しかし、このような問題の現実を正視しないでいるようでは、女性は本当の意味で社会進出できないでしょう。経済の単位である会社には、男も女もないんですから。

そもそも実際的に考えて、女性は赤ちゃんが生まれたら、それまでと同じように仕事を続けるのは無理なんです。なぜなら、赤ちゃんは始終熱を出す。大抵はたいしたことないですけど、母親としては心配です。その場合、「すみません、早退させてください」となるのは無理もありません。でも、そのたびに「どうぞ、急いで帰りなさい」と快く送り出せる会社ばかりではないはずです。

ですから、女性は赤ちゃんが生まれたら、いったん退職してもらう。そして、何年か子育てをし、子どもが大きくなったら、また再就職できる道を確保すればいいんです。

私の家では今までに女性秘書が3人勤めてくれましたが、全員が今うちに「再就職」をしているんです。結婚と同時に辞め、子どもが中学にあがるくらいになった頃、復帰してもらいました。お互いに相手のことがわかっていますから、雇うほうも楽ですしね。

それにしても、会社に迷惑をかけてまで、なぜ女性は会社を辞めたがらないのでしょうか――。子どもができたら、共働きをしないと生活が苦しくなってしまう、という心配は出てくるでしょうね。（略）

同じような観点から考えると、ふくれ上がる保育所の待機児童の問題も異常だと思うのです。子どもは、自分の家で育てるものです。だから昔は、みんな親と同居していたでしょう。そうすれば、おばあちゃんに子どもをみてもらって、お母さんは買い物にだって行ける。事実、私自身もそうやって仕事をしながら子供を育てました。

（略）

また、彼女たちは会社に産休制度を要求なさる。しかし、あれは会社にしてみれば、本当に迷惑千万な制度だと思いますよ。

（「週刊現代」2013年8月31日号）

＝＝＝＝＝＝＝＝＝＝＝＝＝＝＝＝

私はこの記事を読んで、開いた口がふさがりませんでした。景気が悪いため経済的な理由で働きに出なければ家計を支えることができない女性は少なくないのです。そして、同じ職場に再就職できる女性は多くはなく、就職できたとしても、出産前に比べると遥かに待遇の悪い非正規雇用の仕事が半数以上である、という現実をご存じないようです。

そもそも、ニューヨーク・タイムズで指摘されていたように、日本の職場の多くは先進国なのにもかかわらず、あり得ない長さの長時間労働を「強制」するところが多く、子育てをしながら働くことは無理なのです。

フランスをはじめイギリス、北欧諸国などでは、国力の下地となる出生率を確保するために、子供がいる女性を支援する仕組みを何十年もかかって作り上げ、男性も子育てに参加しやすい働き方や、病気の家族の面倒をみることができる仕組みを整えてきました。その結果は、国民の幸福度や出生率の高さなどとなって統計に表れているのです。

このように前近代的で、法律違反を推奨するような発言を野放しにする日本というのは、本当に出生率を上げて、国民の幸せを願う国なのでしょうか？　私には、若い人や子供のいる女性をいじめ抜く老人ばかりの国のように思えて仕方がありません。

第3章

こんなに言っても専業主婦になりたい人へ

確かなものは自分だけ。リスクヘッジを怠るな

日本では若い女性の間で、「専業主婦になりたい」という人が少なくないようで、大きな衝撃を受けました。**厚生労働省が行った若者への意識調査の結果によると、15〜39歳の独身女性の3人に1人が専業主婦になりたいと望んでいる、というビックリ衝撃な結果です。**(http://www.mhlw.go.jp/stf/houdou/0000021856.html)

ワタクシはこの結果を見て「やっぱり日本には救いようのないアホウが増えている」と思いました。キラキラネームが増えているのも、バカッター騒動が多いのも激しく納得です。

これ、欧州ではビックリするのは女性だけではありません。その理由は、「どこの国も金がなくなってて景気が超悪い。日本は少子高齢化で原発も事故ってて、災害も多いし何がどうなるかわからん。リスク高すぎ。先々必要なのは銭。日本の女の人何考えてんねん??　バカなの???」です。

仏フィガロ紙の読者の意見は、欧州の多くの人の意見を代表していますが、「主婦になりたいという理由は一部で理解もできるけど、(各人の)独立はもっとも大事でしょ」「日本は専業主婦になることが常にクールだと思ってるんだ。何も将来(の選択肢)が無くて、人が多ければいいけど……日本は少子化なんでしょ」と書いています。(http://newsphere.jp/national/20131007-3/)

超少子高齢化の日本は、既に借金まみれです。将来的には国家が破産すると言っている専門家も少なくありません。どう考えても簡単な算数です。

働く人が減る↓税金払う人が減る↓会社も減る↓でも年寄りはガンガン増える↓税金足りない↓税金上がる↓でも足りない↓国はもうお金借りられない↓破産

です。そうなるとどうなるかというと、税金は上がり、物価も上がるかもしれない、仕事も減り、国全体が貧乏になります。そうなった場合に、家に稼ぎ手が1人では、十分なお金がないかもしれません。

しかも、その稼ぎ手の旦那さんが、病気になったり事故で死んだりしたらどうなるのか。日本は法令を無視して無理な働き方を強要するブラック企業が多いので、精神的に病んでしまい働けなくなる人だって大勢います。そういうわかりきったリスクがあるのに「専業主婦になりたい」と言っている女性がいるのが、ビックリというか、もう「日本女性の知能を疑います」なレベルなわけです。バカ女は師ね、レベルですよ。

日本の独身女性が「専業主婦になりたい」と言っている理由は、長時間労働や通勤ラッシュの厳しさで家庭と仕事の両立が難しいこと、景気が悪いため女性にとって魅力的な仕事が減っていること、一旦結婚して離職すると賃金の低い非正規雇用の仕事に就かざるを得ないこと、国の育児支援が十分ではないこと、仕事では女性という理由で活躍の場が限られてしまうこと……と色々あるんでしょうけど、一言で言うと、

「旦那にいっぱい稼いでもらってアタシは毎日ニートやりたい♡」

でしょう。

バレてんですよ、そんなことは。甘いんですよ。

勝手に夢見ててください、ですよ。今や日本の男性だって非正規雇用が20%を超えています。男性の平均年収は400万円程度で年々低下しています。

ところが、結婚情報サービス大手ノッツェの調査によると、日本の独身女性が結婚相手に求める希望年収は平均で682・7万円です。なんと300万円近い開きがあります。社会学者の山田昌弘氏によると、東京ですら年収600万円以上の若い独身男性は3・5%しかいないのです。

つまり、日本の独身女性というのは、男性の年収は年々下がっており、600万円以上稼げる男性などごく少数どころかパンダ並みの希少動物化しているにもかかわらず、「旦那は社畜やってあたしわニート♡」と言っている、というわけです。

「あたしだけは楽したい♡」という甘ったれたお子様なのです。

年収400万円程度では、特に首都圏では、夫婦に子供1人か2人、という生活はカツカツです。老後の貯金、予備費、不動産のローン、子供の習い事や予備校の費用に大学、高齢化する親の介護費用、などをまかなうことは、ほぼ不可能。カバーするには妻も働く必要があります。

事実、厚生労働省の調査によれば、子育て期にあたる30〜44歳の女性の就労率は年々高まっているのです。平成23年の女性雇用者数は前年に比べ8万人増加（前年比0・4%増）でしたが、男性は5万人増加（同0・2%増）でした。雇用者総数に占める女性の割合は42・7%（前年差0・1ポイント上昇）です。つまり、女性の雇用は男性よりも増えているのです。

子育て期の女性の就労率が上がっていること、非正規雇用の女性が増えていること、男性の平均給与が下がっていること、を考えると、家計を支えるために子育て期の女性が働きに出る数が増えている、ということが言えるわけです。**独身女性の希望と、結婚した後の実態には大きな乖離がある、**というわけです。今や専業主婦は、セレブしか選ぶことができない「高級品」です。

専業主婦は「高級品」

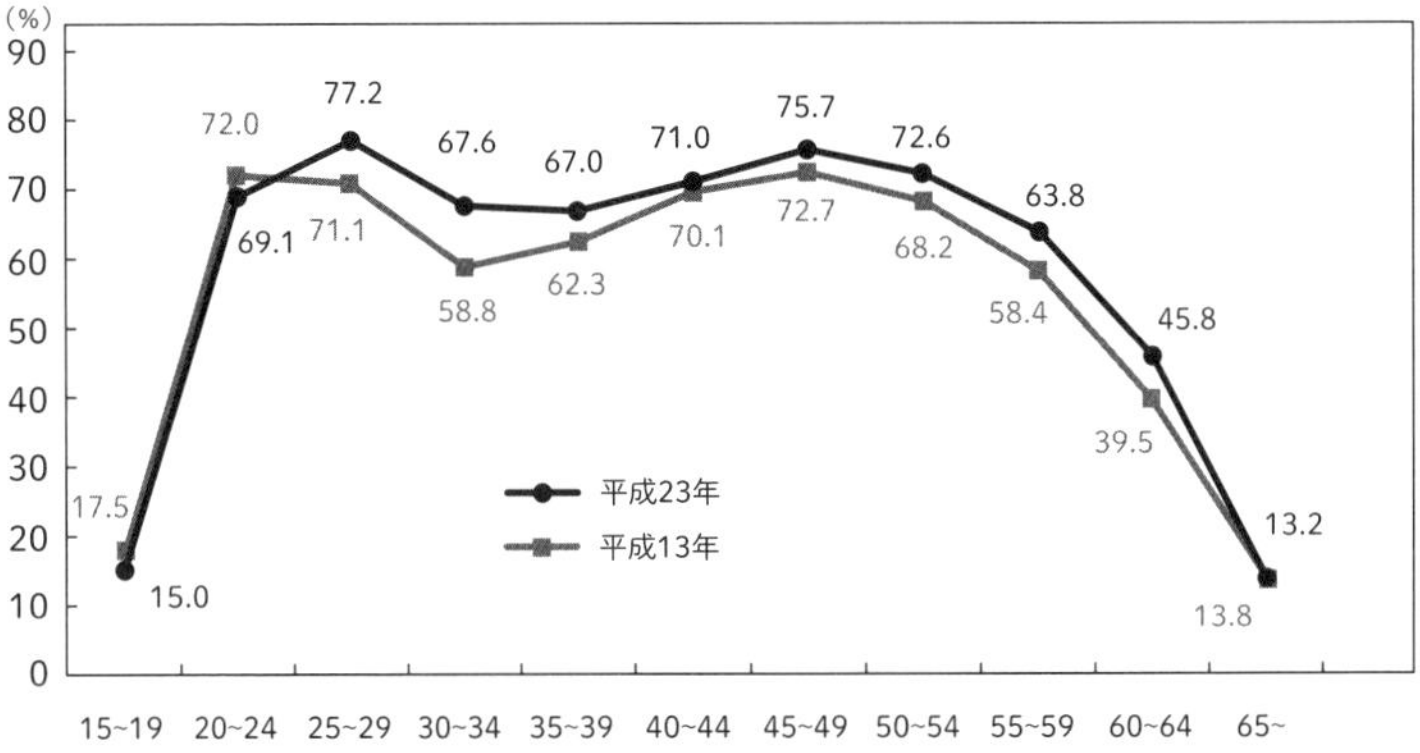

*厚生労働省「女性の年齢階級別労働力率」より作成

大人というのは先のことを見通して、リスクを予想し、それに対して何らかの対策を考えておくことができる人です。回避するのに最も重要な戦略は、自分自身でリスクをコントロール（操縦）してしまうことです。なぜなら、たとえ家族であっても、他人は自分の思うように動くとは限らないからです。

例えば、自分がラーメンの屋台のオーナーだとします。屋台が唯一の収入源だったら、潰《つぶ》れたら次の日から生活に困ってしまいます。そこで、屋台の他に洋服屋さんも経営して、収入源を2つ持っておく。屋台が儲からない可能性も予測し、対応策を考えて「実行」するんです。それが「リスクをコントロールする」ということです。

日本の経済環境はどう考えても悪くなっていくので、収入を旦那さんだけに頼るというのは、とてつもない人生のリスクを背負うことになります。旦那さんが死んだり、蒸発したり、怪我したり、病気をしたらアナタの生活は次の日から破綻です。

離婚というリスクだってあります。人の心ほど不安定なものはないのです。お金がなくなったら人は鬼になります。家族も親類も友達もアナタにお金はくれません。お金がなくなったとたんに人はさっといなくなります。

リスクを「ヘッジ」（回避）するには、アナタ自身が稼げる手段を持っておき、働いて収入を確保し、資産も持っておく。そう、ヒマラヤに登る人が、高価なダウンジャケットを着込んで凍死を防ぐように、アナタ自身が「稼げる力」というダウンジャケットを着込んでおくんです。

子育てが一段落、いざ働こうとしても仕事はない

日本では女性が結婚や出産で一旦離職すると、なかなか再就職ができません。これは北米や欧州のように、個々人の職務が細分化されておらず、スキルや専門ごとに人を雇う、という仕組みになっていないからです。

日本は会社やお役所が人を雇用する仕組みに柔軟性がなく、正社員の場合、多くは新卒で採用して、そのまま会社の中で昇進したり、部署をグルグル回るという仕組みです。職能制になっていないわけです。一旦離職した女性は、そのループから外れてしまう上、家庭の事情で長時間労働が無理だったり、休暇を取る可能性が高いので、採用されないことが多いです。

外資系企業の一部や、日本の会社でもベンチャーや職能制のところ、中小企業などは、仕事さえできればいい、と子持ちの女性を雇ってくれることもありますが、それは大多

数ではありません。

また、何年間も職歴にブランクがある人は、外資系企業であっても採用を躊躇することがあります。その理由は、職務から何年も離れているので知識が陳腐化していたり、技能が古くなっている可能性が高いからです。

職能制採用の組織では、最初から専門家やスキルのある人を雇って、トレーニングにはお金をかけません。周囲の同僚や上司も、新人や中途の人に知識やノウハウを教えても、自分にとってのベネフィットはないことが多いので、いちいち教えたがりません。短期間で転職する人や、プロジェクト単位雇用のプロが多いですし、そもそも、技能が自分の付加価値なのですから、ライバルに稼ぐネタを教えるわけはないのです。教えてしまったら自分が儲からなくなります（ですから、ワタクシも無償では人様にノウハウや技能を教えることは一切ありません。冷たいと言われてもそういう世界だから仕方ないのです）。

一旦離職してからも働きたい女性は、最初から職能制の組織に就職するこ

とを狙って、需要のある技能を磨いておく必要があります。ただし、こういう組織はアナタを助けてくれるような甘い人は多くはありませんので、自分で何とかする、という覚悟が必要です。

また、職歴にブランクを作らないために、子育て中は非営利団体でボランティアとして働く、資格を取得する、業界団体に所属してボランティアをやる、ネットやイベントで業界の人と交流して常に新しい話題を仕入れておく、講習会に出る、フリーランスで働いて経験するプロジェクトを増やしておく、情報発信して自分の知名度を高めておく、自宅からできる小規模なビジネスをやってみる、などの努力が必要です。面接で、雇用されていない期間は何をしていたか？　と聞かれたら「何々業界団体で何々をやって人脈を広げた」「こんな情報発信をしていた」「自営業をやっていた」と言えばいいわけです。

子供の学校行事や地域の団体に関わるのも良いですが、ビジネスの世界に戻りたいのであれば、ビジネスに関係のある活動に取り組んだ方が良いでしょう。

スキルがないと海外の人材に負けてしまう

自分のスキルを高め、何かこれといった専門を持っておくことは、海の向こうの競争相手との戦いにとっても重要です。

「は？　何の話ですか？」と言っているアナタ。アナタの競争相手は海外の人という時代がもうやってきているんです。まず、日本の組織も、国内市場が縮小しているので、海外に目を向ける会社が増えています。海外に本社や工場を移転する会社も増えています。大企業だけではなく、コストカットや販路の拡大を希望する中小企業も増えています。少子高齢化の日本では、これは至極当たり前ですね。

そういうビジネスを展開する会社が欲しいのは、複数の言語に精通していて、現地のビジネスや、日本の外の仕事のやり方に慣れている人々です。日本人でそれだけのスペックを持っている人は多くはないので、最初から海外の人材を雇ってしまう会社、というのも増えているわけです。国内の人材は減らす方向という会社もあるわけです。これといったスキルもなく、しかも長時間労働も無理で、家族の世話もあるアナタがその人達と競争できるわけありません。雇われたいなら、そういう人材とは異なるスキルを身につけるしかありません。

さらに、最近は通信技術の発達で、システム開発や運用といった作業や、事務などが海外に外注されることが増えています。標準化できるもの、システム化できるもの、英語など外国語でも処理できるものほど、より人件費の安い海外へ移動してしまうのです。

ワタクシも仕事で海外外注（業界用語ではオフショアと言います）に随分関わりましたが、気の短い外資系企業だと、運用コストを日本と海外で比較して、日本は高い、と思うと、トップの一声で、数ヶ月で仕事をチームごと海外に移動してしまいます。日本にいたチームはクビです。移動した国の人件費が高くなれば、またどこか別のところに移動します。工場や機械などの生産手段がいらないので、簡単に移動するわけです。

イギリスの場合は、これがもっと顕著です。英語で仕事を処理できる国は山のようにあるので、外に出せるものはドンドン出してしまいます。システム開発、ネットワーク管理、システム管理、セキュリティ管理、コールセンター、人事部、法務部の初歩的な事務処理、経理、カスタマーサービスなどは、様々な国にアウトソースされています。

例えば、どこかの会社に応募すると、応募者が履歴書にウソを書いていないかどうか、犯罪歴がないかどうかチェックするという作業があるのですが、そのような作業を担当するのがインドの外注先だったりします。地方自治体や政府でもこういうオフショアを使うのがごく普通です。国連機関でも普通にやっています。

外に出せない仕事というのは、管理業務や企画、戦略、デザインの上流工程、交渉、政府の規制があって外に出せないものなどになります。つまり、創造性やかなり高い専門性が要求される仕事は国内にとどまるわけです。

日本では少なくない女性が、単純事務作業やコールセンターなどの業務を担当していますが、生き残りたい、子持ちでも雇用されたいと思うのであれば、こういう高い専門性の要求される仕事か、国内で需要が高く、外国には絶対に移動できない仕事（例：福祉、ビル管理、医療、配管管理）をするほかないのです。

年齢、経歴、失敗を気にして挑戦しないのは人生の大損

職能型雇用の組織にしろ、そうでない組織で働くにしろ、年齢や経歴を気にして、挑戦することに二の足を踏んではいけません。**「こんな仕事していいのかしら」「ワタシもうオバサンだし」なんて思っていたら、その時点で負けです。**負けとは自分に負けることです。自分のキャリアを諦めることです。

市場というのはその人が生み出す付加価値を評価します。すなわち、何ができるか、です。それには、年齢も過去の経歴も関係ありません。応募する時に拒絶される可能性もありますが、それは応募しなければわかりません。仕事にしても、どんな困難があるか、面白いか、辛いか、楽しいか、自分に向くのか、自分に向かないのか、もやってみなければわかりません。

日本人は、特に女性は、自分の所属する「枠」を気にしすぎるあまりに、挑戦しない

人が多すぎるのです。それは、自分の身内や、友達や、親類や、近所の人が何を言うかと恐れているからです。

大丈夫です。人は大方自分のことしか考えておらず、アナタには興味がありません。皆自分の仕事や趣味や今日のおかずを考えることに忙しく、人が何をしようと、実は気にしていません。ちょっと噂になっても、２週間もすれば忘れてしまいます。日本人は忘れっぽいですから（欧州では10年も前の失敗を持ち出して罵倒されることもしょっちゅうあります）。

考えてみましょう。アナタは、友達や同僚がやっていることに、そんなに興味を持っているでしょうか？　自分のことを考えるので精一杯でしょう。彼らが2週間前にやっていたこと、言っていたことを覚えているでしょうか？　覚えてないでしょう。人なんて他人のことはほとんど気にしてないんです。

ですから、恐れて挑戦しないのは、人生を無駄にしているのと同じです。他人が自分を気にしているなんてのは思い込みにすぎません。思い込みで、挑戦できるチャンスを逃しているとしたら、人生大損しています。

そして、何かに挑戦して失敗することは当たり前です。だって人間は完璧ではありません。神様だって完璧ではないです。完璧なら世の中に戦争や災害はあるはずないんです。そう思えば何も怖くなくなりますね。失敗は当たり前。失敗したらそこから学べばいいんです。

無様な姿をさらすことだってあります。でも、その**無様な姿に耐えられるかどうか、が仕事がある人とない人、の境界線です。**

例えば、営業マンは売り込みを断られてナンボです。最初から断られるのを覚悟で、お客さんに一生懸命メッセージを伝え、交渉し、何とか物やサービスを売るんです。果敢に挑戦する営業マンは各社から引っ張りだこです。社内で提案する企画だって断られて当たり前。新しい取り組みだって断られて当たり前。斬新なものほど反対する人が多いのです。

バリバリ仕事する男性は、カッコ悪いことを恐れずに、果敢に挑戦します。しかし、女性の多くは、カッコ悪いことを恐れて挑戦しません。周囲が何を言うか、男性が何を言うか恐れるから。諦めてしまう人があまりにも多いのです。

ワタクシの場合は、日本でベンチャー企業に勤めることでその壁を乗り越える重要性を学びました。ベンチャー企業では、様々な新企画を考えます。企画は一つではなく何個も出します。その中から選りすぐったものにお金を投資してやってみても、失敗することの方が多いのです。新卒で働き始めたのがその環境だったので、最初は随分驚きましたが、失敗を恐れていたら仕事なんてできないということを学びました。

そして、成功している起業家の人ほど、山のようなアイディアを考えて、何回も失敗しています。マスコミでは報道されませんが、成功したビジネスの下には、何百個もの失敗が転がっているんです。女性起業家の方にもお会いしましたが、皆さん失敗を恐れません。カッコ悪くなることを恐れません。恐れずに未知の分野に果敢に挑戦していきます。

起業や巨額の投資に比べたら、育児や家族の事情でしばらく離職している間に再就職先を探すことや、新卒で就職することなど屁のカッパです。失敗したからって何億円の借金を背負うわけではないし、社員の生活がかかっているわけでも、自宅が担保に入っているわけでも、刑務所にぶち込まれるわけでもありません。自分を売り込めば良いだけの話です。それすらできないのでは、仕事なんてできっこありません。

アナタが働くことが将来アナタの子供を救う

アナタが働くことは子供にとっても良いことです。まず、アナタが働くことで、家計は経済的に楽になります。より多くのお金があるということは、より安楽な生活を保障するという意味もありますが、教育にかけられるお金が格段に増えることを意味します。

将来日本はどうなっていくでしょうか。少子高齢化で国内の労働人口も仕事も減っていき、養わなければいけない老人が激増し、税金が高くなります。国は既にアップアップ。

原発だってどうなるかわかりません。今だって、あれをどう処理するのか、正確にわかっている人はいないのです。汚染水だって海に垂れ流しです。食品だってどの程度汚染されているのかもわからない。加工品には何が入っているのかわからない。低放射線が体にどのぐらいの影響があるのかだって、実はよくわかっていません。政府は、コントロールされている、大丈夫だ、大丈夫だを繰り返すばかりです。日本は今後どうなるのか、あまりわからないのに、です。

そういう状況の中でアナタが子供に与えるべきなのは、高い車やブランド品の子供服ではありません。DQNのままでいいなら、せいぜいキラキラネームをつけて、ブランド品の服でも買って散財するとよろしい。与えるべきなのは知識や技能や将来役に立つ経験です。

しかし、良い教育というのは高価です。日本で受験予備校や大学に通うのにもお金がかかりますが、それプラス語学や習い事もやるとなるとさらにお金がかかります。良い先生は自分に大変な投資をしているので、良い先生に教えをいただこうと思ったら、それなりにお金がかかります。経済や汚染のことを考えると、子供が将来海外に行くという選択肢だって与えておきたいでしょう。留学には大変なお金がかかります。

また、教育費の値上がりは、先進国共通の課題です。日本も例外ではありません。欧州大陸では、公教育や大学はまだまだ無償か安価なところが多いですが、アメリカやイギリスは、教育費が家計を圧迫しています。例えば、**イギリスの大学生は卒業時に600万～900万円の借金を抱えます。**国の財政が厳しく、教育予算が減らされたため、大学の学費がうんと上がったんです。また、公教育への補助は減っているので、良い教育を受けようと思えば、学費が年に100万～300万円ぐらいかかる私学へ行かなければなりません。公教育と私学の差は年々広がっています。

国が借金だらけの日本だって、今後政府が教育への支出を減らしていく、という可能性がないわけではありません。公教育だけではなく、日本では私学にもたくさんの補助金が出ています。今後はそれが減って行く可能性が低くないわけです。つまり、アメリカやイギリスのように、高等教育にはもっとお金がかかるようになるわけです。

今後仕事の世界では、もっとグローバル化が進むはずです。それは、仕事が世界中に配分され、働く人も世界中からやってくるというモデルです。IT業界では既に起こっています。単純化された仕事の付加価値はドンドン下がり、賃金も下がります。一方で、付加価値の高い仕事をする人に仕事が集中し、そういう人はもっと儲かるようになります。

付加価値の高い仕事をするには、高い教育や、訓練が必要です。それに必要なのはお金です。

アナタが働いてより多くのお金を得て、子供により良い教育を与えることができるかどうかが、子供が将来食べて行けるかどうか、という未来を左右するのです。

「ガンガン働いて管理職」だけが仕事ではない

家庭があっても働く女性＝「バリキャリ」、と想像する人が少なくないかもしれません。「バリキャリ」という言葉で連想されるのは、大企業や公的な組織で管理職をやっており、アグレッシブに仕事をこなし、家庭も完璧というスーパーウーマンです。

そういう女性が勝ち組であり、それ以外は負け組のような報道をする雑誌やテレビもありますが、報道している人自身の頭が固いなあという印象です。世の中は広いのです。

仕事には様々な形があり、企業で管理職をやることが「バリキャリ」ではありません。

企業によっては、専門職として、管理的業務を担当しない道だってあります。例えば、イギリスやアメリカには、インデペンデントコントラクターという仕事があります。個人事業主、もしくは、どこかの会社に所属し、顧客の企業に対してサービスを提供する人々のことです。その多くは、技術者や専門技能を持つ人、金融専門家、科学者などで、顧客企業の管理職よりも給料が高い、という人だって珍しくありません。

ワタクシの知人は、インデペンデントコントラクターをやって20年近くになりますが、ある企業では、日給15万円で雇われていたこともあります。ある年は、数ヶ月働き、3ヶ月ほど休暇を取って南米に行っていたこともあります。専門家ですので、顧客企業の管理職との立場は対等です。彼がいなければ、その会社は仕事にならないからです。いつ休むか、いつまで働きたいかは、働く方の自由です。希少価値のある技能とノウハウ、経験があるから可能なわけです。

また別の知人はＩＴ業界でセキュリティの仕事に従事し、管理職レベルの給料をもらっていますが、人は管理していません。管理しているのは機械です。人の管理が専門ではないので、部下は持たない、というわけです。

家で仕事する人だって大勢います。ワタクシの知人でデータベースの専門家は、家で仕事して10年以上になります。複数の企業から注文を請け負って、家で作業して納品しています。時々打ち合わせに行くことはありますが、自分商店状態ですので、そこそこの給料を稼ぎつつ、家でパジャマのまま仕事をしています。一人親方なので、周囲に気を使う必要もありません。

イギリスにはフリーの助産婦さんという人もいます。助産婦資格を持って、出産する女性にフリーで雇用され、助産婦サービスを提供するのです。国営の病院よりもきめ細かいケアを受けたい人や、自宅出産を希望する人に大人気です。

家で動画を作成して、それをYouTubeにアップして生活している女性だっています。広告収入や動画経由の物販で儲けているわけです。時間は自由になるし、うるさい同僚や部下はいないし、お客さんには喜んでもらえるという、楽しい仕事です。

市場で求められている技能や知識があれば、こういうふうに働くことだって可能なのです。働く女性＝「バリキャリ」⇒それ以外は負け組、と考えるのではなく、「こう稼ぐ方法もあるかな」「これやってみようかな」と柔軟に考える姿勢がアナタを幸せにします。

それには働く女性＝「バリキャリ」と言い張っている雑誌や自己啓発本を今すぐゴミ箱に投げ捨てて、自由になりましょう。そんな定義は、頭がガチガチで、毎日通勤電車で漫画を読むことしか楽しみがない思考狭窄のバカサラリーマンの考えた「虚構」です。

20万円もするスーツを女性ファッション雑誌に掲載して「成功する女の着るべきスーツ」と読者を洗脳する悪の雑誌と何ら変わりません。ステレオタイプを押し付けているだけで、読者の幸せなんて1ミリも考えていないのです。

ワタクシの定義では、「バリキャリ」＝「自分の望む形で働いて満足している女性」のことです。

――コラム――

「リケジョ」と騒ぐ日本の新聞

STAP細胞の画期的な製作方法の発見が話題になり、中心となって研究を進めた理化学研究所の小保方晴子博士のことが日本の各メディアで報道されました。イギリスでもこのニュースは大々的に報道され、BBCや民放、大手新聞でも報道されています。ワタクシはこのニュースをイギリスのニュース番組で知ったのですが、その後日本での報道をネットで見て、その内容があまりにも違うことに啞然としました。

BBCでは、テレビ放送でもウェブでも、まずこの発明が何であるか、なぜ画期的なのかが紹介され、イギリスの研究者の解説を盛り込み、医学などにどのように貢献するか、ということが明記されました。また小保方博士に関しては「Dr Haruko Obokata」と明記されているだけで、年齢や性別には触れていません（なお、イギリスでは博士号がある人のことはドクター何々と呼ぶのが当たり前です）。

イギリスの他の主要新聞でも、この発見が何なのか、どのように貢献するのかに記事のスペースが割かれ、小保方博士の年齢、性別、服装、ラボの装飾に関しては一切書かれていません。倫理問題に触れた記事があるのも日本と違うところです。
イタリア、ドイツ、フランスではイギリスほど報道されなかったので記事は少なめですが、いずれも報道の姿勢はイギリスと同じです。韓国や中国、台湾の新聞も、欧州主要新聞やテレビと似たような報道のようです。どの媒体も、写真は割烹着を着ていない小保方博士の写真、もしくは細胞の写真です。

英　BBC：Stem cell 'major discovery' claimed
（幹細胞の重要な発見がなされたと発表される）

英　テレグラフ：'Stem cells' created in less than 30 minutes in 'groundbreaking' discovery
（画期的な発見　幹細胞が30分以下で作製される）

英　フィナンシャル・タイムズ：Japan team discovers new technique to make stem cells
（日本のチームが幹細胞を作製する新技術を発見する）

英　ガーディアン：Simple way to make stem cells in half an hour hailed as major discovery
（30分以内で幹細胞を作製する単純な方法が画期的な発見として評価される）

英　インディペンデント：Stem cell breakthrough: Japanese scientists discover way to create 'embryonic-like' cells without the ethical dilemma

（幹細胞の躍進：日本の科学者が倫理的問題なしに胚細胞的な細胞を作製する方法を発見する）

伊　サイエンス誌：Un nuovo metodo per ottenere staminali pluripotenti

（多能性幹を得るための新たな方法）

独　ハンデルスブラット：Revolution in der Stammzellen-Forschung

（幹細胞の研究に革命）

韓国　中央日報：日本の研究陣が万能細胞を簡単に作る方法を発見

中国　チャイナ・デイリー：日媒　日本研制出新型万能细胞〝ＳＴＡＰ细胞〟

（日本のメディア　日本で新型万能細胞、ＳＴＡＰ細胞を発見）

台湾　中央社新聞：創舉　日研發出新型萬能細胞

（初めての試み　日本は新型の万能細胞を研究開発）

アメリカの報道もイギリスと大体同じです。発見に関する説明がされ、どのように貢献するのか、特に医学的にどういうインパクトがあるのかということが詳しく説明されています。欧州と同じく、どれも専門紙ではなく、一般的な全国放送や、一般的に読まれている新聞です。カナダの報道も、欧州やアメリカと大体同じです。

CNN：Stem cell breakthrough may be simple, fast, cheap
（幹細胞の躍進は単純で、早くて、安価かもしれない）
ウォール・ストリート・ジャーナル：A Bit of Stress Yields Stem-Cell Surprise
（少々のストレスが幹細胞の驚きを生む）
ニューヨーク・タイムズ：Study Says New Method Could Be a Quicker Source of Stem Cells
（新たな手法が幹細胞をより迅速に供給できる可能性があるという研究）
ワシントン・タイムズ：New stem cell technique may aid medical treatments
（新たな幹細胞技術が医学的治療の手助けになる可能性がある）
ロサンゼルス・タイムズ：New method makes stem cells in about 30 minutes, scientists report
（新たな技術で幹細胞を30分以内で作製できると科学者が報告する）
NPR：A Little Acid Turns Mouse Blood Into Brain, Heart And Stem Cells
（少々の酸がマウスの血液を脳、心臓、そして幹細胞に変化させる）
PBS：Researchers make stem cell discovery by studying tissue stress and repair
（細胞へのストレスと修復作業の研究により研究者が幹細胞に関する発見を達成する）
CBC：Stem cells grown without embryo in 'major discovery'

（画期的な発見。胚なしで幹細胞が成長する）

一方、皆さんがご覧になったと思われる日本の大手新聞の記事を見てみましょう。

朝日新聞「泣き明かした夜も　STAP細胞作製、理研の小保方さん」
読売新聞「論文一時は却下…かっぽう着の『リケジョ』快挙」
産経新聞「『誰も信じてくれなかった』…強い信念で常識打ち破る」
毎日新聞「万能細胞：世界で初の作製　簡単、がん化せず　理研など」
日本経済新聞「万能細胞　リケジョの革命」

朝日新聞は割烹着姿の小保方博士をトップに置き、「30歳の若き女性研究者」と紹介しています。また、博士なのにもかかわらず「小保方さん」と呼んでいます。発見そのものに関する詳しい説明はありません。

読売新聞も割烹着姿をクローズアップし「研究室の壁はピンクや黄色で、好きなムーミンのキャラクターシールも貼っている。仕事着は白衣ではなく、大学院時代に祖母からもらったかっぽう着。『これを着ると家族に応援してもらっているように感じる』という」

としています。ネットの記事ではやはり発見そのものに関する詳しい説明はありません。「リケジョ」という差別用語を使っているのが大変画期的です。

産経新聞も割烹着姿の小保方博士をトップに置き、「『お風呂のときもデートでも四六時中、研究のことを考えていた』という研究の虫。実験で着るのは白衣ではなく、祖母からもらったかっぽう着だ。『おばあちゃんに応援されているような気がするから』「実験室の壁はピンク色に塗り替えた。机にはキャラクターが並び、女性らしさをのぞかせる。研究室にはペットのスッポン。『この子が来てから実験が軌道に乗ったので、幸運の亀なんです』と笑顔を見せた」と、あえて、女性性や幼さを強調するコメントを掲載しています。発見そのものに関する詳しい説明はありません。

毎日新聞はプレゼン中の小保方博士をトップに掲載し、発見そのものに関する図入りの説明を掲載しています。年齢と性別は紹介されていますが、服装やラボの装飾に関するコメントは掲載されていません。

日本経済新聞も割烹着写真に「リケジョ」という差別用語を使っています。

毎日新聞以外は、発見そのものに関する説明は控えめで、業績には関係のない情報ばかりが報道されています。

皆さんは、欧州や北米、韓国での報道と、ネットで公開されている無償記事の日本での報道を比べてみてどう思われたでしょうか？　日本の主要新聞は、毎日新聞以外は、発見そのものには全く関係ない言葉がちりばめられており、記事の内容もかなり浅く、小保方博士の年齢、性別、服装など、業績には全く関係のないことばかりが明記されています。日本を代表する一流紙なのにもかかわらず、欧州のゴシップ紙以下の内容です。

海外メディアは日本に支社がある会社もありますし、日本人記者や、通訳者、翻訳者を雇っている会社もありますから、報道しようと思えば発見とは全く関係ないことも報道できたはずです。日本で報道された記事の人物紹介を翻訳して報道することだって可能だったはずです。しかしあえてしていません。しないのには、理由があるからです。それは、発見の内容の方が遥かに重要だからです。

日本人研究者が素晴らしい成果を上げたというのに、ネットで誰でも読める記事で、海外の方が発見そのものに関して詳しく報道しているというのは、一体どういうことなのでしょうか？　愛国心満々のネトウヨの皆さんはなぜ怒らないのでしょうか？　私には、研究者に対する侮辱としか思えませんでした。なぜ研究の経緯や、論文が受領されるまでどれだけの葛藤や努力があったか、医学にどんな貢献があるのか、ということを報道しないのでしょうか？

日本の一流メディアは、なぜこのような報道をするのでしょうか？

それは、記者や記事を選ぶ人々がこう考えているからです。


「若い女性は泣かなければいけない」

「女というのは感情的ですぐに泣くのだ」

「可愛いものに興味がない女なんてありえないわ。だってアタシはムーミンが好きだもの」

「若い女性はデートをするものだ。そう、普通は仕事なんかどうでもいいと思ってんだ。性交が忙しいのさ」

「女の子が好きな色はピンクなのよね☆　それが当たり前なのよ。だってアタシも好きなんだもの」

「業績や医学への貢献なんてうちのバカな読者達は理解できないさ。だから説明なんかいらないよ」


彼らの頭の中は「何々はこうあるべきだ」「女はこうだ」「大衆はこうだ」という偏見と

固定化された人物像で満杯なのです。

Twitterにはたくさんの怒りの声が上がっていました。読者はバカではないのです。そして、バカにされることにウンザリしているのです。新聞は読者数が減っているそうです。記事を書く人々は、脳にＳＴＡＰ細胞を注射してみたら、Sunの読者より少し賢くなるかもしれませんね。

（初出：WirelessWire News　２０１４年１月31日付）

第4章

どんな
キャリアなら
ハッピーに
なれるわけ？

テンパリスト喪女に死を

雑誌や自己啓発本に出てくる「成功するバリキャリ女」になりたい女性にありがちな「忙しい自慢」「仕事が恋人発言」というのは、ハッピーな生活を送る上で、実はすごくダサいというか、無駄なわけです。

だってね、大半の人は仕事なんて嫌いで、一刻も早く辞めたいわけですよ。「あたし超忙しいのよ!!」「彼氏が8年いないのよ。仕事が命だもの!!」とか、ドヤ顔で言ってるあなたのことを「うわ、うぜえ」と思ってる人が大半なわけです。だって心の底ではみんな仕事が嫌いですからね。

そんな皆さんが嫌いなものを「アタシ人生懸けてます!!」と発言するっていうのは、もう喪女の極みですね。夜遅くまで働いて、週末はピラティスとかマクロビのカフェとかに行って、朝っぱらから「朝活塾」みたいなところで世界の貧困を語ってしまうような、意識高い生活を送っているわけですよ。

でもね、そんなの誰も見てないし、かっこいいって思ってないから。**「うぎゃ、また バリキャリ目指してます系なテンパリスト喪女出現!!!! ちょー、勘弁して!!」と思われているだけです。** 喪女だという事実をMAXでアピールしてしまっている。それで婚活パーティーとか行ってしまって「忙しくてかっこいいアタシ」「寝てないアタシ」「数年間性交してないけど仕事に懸けてるアタシ」「病気だらけで死にそうなアタシ」をアピールして人がサザーッと離れて行ってしまうわけです。

そんで、働きすぎて死んだら、「うぎゃあ!! また意識高い系死亡乙!!」とか言われて終了です。誰もカワイソウとは思わないですよ。だって、そんなアピールは単に余裕がなくって、テンパってる人だって自分で大宣伝しているのと同じですから。

テンパってて、心に余裕がない人に、お仕事をお願いしたいですか？ やですよね。

だって、テンパってるってことは、周囲を見回す余裕もないし、結局自分のことしか考えてないということなんです。そんな人にプロジェクトマネージャとか、戦略作りとか、相談するなんて絶対に無理。だって冷静さゼロで、自分の生活さえじっくり考えてられないんだもの。

そういう人は「カワイソウで頑張っているア・タ・シ」をアピールしまくって同情を買いたいだけのお子様なのです。はっきり言ってアフガニスタンで毎日爆撃されてる人の方が2万倍は大変なんだけど、自分の心の中では世界一の悲劇のヒロイン。テンパリスト喪女は、いくら自分の悲劇をアピールしようと、段々周囲に仕事を頼まれなくなるわ、話も聞いてもらえなくなるわで、な～んも得することがないわけです。

ワタクシが過去様々な国の職場で見た尊敬されてる女性幹部とか専門家って、『スラムダンク』の流川楓君みたいなクールなお方ばかりです。ドスの利いた声で「これはどうなってますでしょうか？」という感じ。メンバがテンパってても、焦ってても、常に冷静沈着に話を聞き、問題を解決したり、意思決定をしていきます。朝活やる暇があったら『スラムダンク』を読むべきなんですYO！

勝ち組は競歩、細く長くこっそり働く

仕事というのは、短距離走ではなく長距離走です。ワタクシも20代後半まではかなり無理のある働き方をしていました。朝から夜中の2時、3時まで働き、土日は勉強やキャッチアップ、1週間で九州から北海道、関西を縦断するという弾丸スケジュールでのインタビューなど、かなりメチャクチャな仕事のやり方をしていました。

周囲がそうだったので、それに合わせていただけなのですが、これ、2年やってダメだと思いました。ある日気がつくと、全身が草間彌生女史の作品みたいな、真っ赤な斑点だらけになっており「チョー!! 俺、ライブ草間作品!!! ちょっとこれ展示。チェキラ!!!!!」と叫んでいました。周囲には「おめー伝染病？ 梅毒？」と思われ、電車では人が引いて行く始末。

時間がなかったため、仕方なく渋谷の飲み屋の間にあった謎の診療所に行き、ドクター・キリコみたいな医者に点滴されて「俺このまま氏ぬのね……」と天井の染みを眺め

ながら「はひ〜、ちょっとあれってオバQに似ているぜブラザー」と考えていたのでした（もうこの時点でいい感じの壊れ方）。ドクター・キリコに薬を打たれて会社に戻って来たワタクシを迎えたのは「あのよ〜今週も何さんが救急車で運ばれたの!!! ぎゃはああ!! メーン!!」と興奮気味の同僚でした。はい、もうこの人も激務で頭が逝っていました。

ワタクシの知り合いにはマスコミとか出版社、編集プロダクション、システム開発会社、浣腸、いえ、官庁、さらに、業界では名の知れた茶髪のチャラ男しかいないベンチャー（とは名ばかりで、実態は単なる中小企業で売っている物もスーパー怪しく、段ボールの上に乗って幹部がカツを入れるクソ朝礼実施そして怪しい宿泊研修ありで、社員は毎日会社の裏口から逃げる）など、いわゆる、今流行のブラック企業勤務が多いわけですが、ブラック労働していた当時のワタクシは、ブラック勤務の同類項の皆さんと「あひゃああ！　草間の展示物になったった!!!　また生理がこねえ!!!　楽でいいわ!!」と自分の惨状を自慢しまくるという愚行に及んでいたのでありました。

ブラック業界で10年も20年も働いている先輩の方々は、女性の場合形相はマジで般若《はんにゃ》で、狂ったように買い物、もちろん独身で生理が止まっている（閉経ではない）、時々ファッキンシットとか叫んでいて、パンクロッカー状態です。男の場合は家庭崩壊で秘書と性交してそのまま腹上死みたいな感じでした。時々酒とかその他諸々でドーピング。シガバーで「俺ってこんな凄い葉巻すっちゃってます。すげークールちぇきら☆」と叫んでストレス発散。そう、短距離走的な働き方をすると人生崩壊、そのまま廃人直行なのでありますよ。そんでドーピングで40前に肝臓が腐るわけです。

でもね、ある日考えてみたんです。**25歳の人が60歳まで働くとすると、35年ブラック企業で働くのは無理なんです。結局どっかでクタバルか死ぬ、もしくは精神を病んで終了です。**

女性の場合は般若で無月経直行。家庭持つのなんか不可能。男性の場合は突然死で保険金もらった妻は大喜びして「通勤途中に死んで良かった」とか言うんです（社畜の葬式に行くとホントにそういうことを寿司とか食べながら言っているオバハン達が大勢いるわけですよ。あんた早く死んでよかったわね〜。うちも早く死なないかしら、とか）。

そこでワタクシはブラックではない業界の人々とか、ブラックを抜け出して別業界にエグジット（逃亡）した人々に会いに行きました。辞めんじゃないんですよ、外資とかコンサルとかベンチャー業界的にはカッコ良くエグジットつうわけですよ。かっこいいでしょ、エグジット。単に出口って意味なんですけど。「エグジット戦略を立てました。俺には新しくコミットするものができたんですよ！」とか言うわけ。前向きに（白い歯を忘れずにね）。

ブラックではない働き方をしている人々は存在するんです。ブラックな世界にいるとなかなかわかんないですけど、ちょっと会う人を変えると大勢いるわけですよ。そういう人々は、細く長くコソーリと働いています。

別に何かを諦めたとか、キャリアがないとかそういうわけではないんですが、病気になったり、子供を産んだり、家族が病気になったりと、長い人生のなかで、「あたしゃ毎日午前様でござるブラックバリキャリ的労働」が無理になると、一時的に働くのをやめたり、楽な別業界に行ったり、休みを取ったりしている。でもどっかで復活している。細く長くコソーリとやっている。そして家庭生活も自分の健康も維持。最後は年金ゲット。**途切れ途切れでも働くのは完全にやめてないというのがコツです。**

短距離走の選手は、結構早死にしちゃったりするじゃないですか。無理してドーピングして突然死。でも、競歩の選手とかゴルファーとか射撃とかカヌーとか、なんとなくチンタラしてそうな競技の人はわりと長生きしたりしている。

つまり、仕事って、競歩的にやってる人が勝ち組なわけですよ。負け組は誰かって言うと、ドーピングしまくって金メダルはもらうけど、家庭生活崩壊で、頭も体もメッタクソになってしまった人。死んじゃったら意味がないわけです。目立つのは短距離走の方なんだけど。

仕事は「銭をもらえるサークル活動」ぐらいのノリでいい

とはいっても、競歩を無理してやる必要はないわけですよ。なぜかというと、仕事って結局銭を稼ぐ手段にすぎませんから。もちろん、仕事で自己実現とか、尊敬されたいとか、楽しい体験するとか、友達作るってのもありですよ。

でもね、みんな5億円あったら働かないでしょ。ワタクシも5億もらったら1秒で働くのやめて、毎日「艦これ」やって、戦車の動画を見て「うへぇ」と言いながら、2ちゃんのまとめサイトの管理人でもやっているわけですよ。何せその方が楽ですから。宝くじ当たった人も速攻で仕事辞めますからね。

仕事なんかみんな嫌いなんです。だから人生とか自分の人格を懸けちゃいけませんね。銭をもらえるサークル活動ぐらいのノリでやっておかないと、人格崩壊して死にますから。松下幸之助先生の本とか読んで「ああ、あたしはできてない。だめだわこんな仕事のやり方は。そう、水道なのよ、ビジネスは！　下水でも肥だめでもないのよ！」とか思っちゃいけませんよ。幸之助先生みたいに優秀な人というのは100万人に1人もいないんだから。勘違いしちゃいけません。

「幸之助先生をディスってんのか、マジでリアルなビジネス哲学は水道哲学がオンリーなんだYO！　ハードコアなワークフィロソフィーはドラッカーだけなんだよ俺はキヨサキもレスペクト。オメーはフェイク！」とおっしゃるMCジコケイハツの皆さん。ダメです、そんなヤワでアンリアルなMCでバトルで勝てるはずありません。あんただって宝くじで5億円当たったら毎日ねるねるねるね食ってエロ動画みて遊んじゃうはずなんだって。

ちょっと休んでも、長〜い勤労人生の中では大したことない

まあ、そういうわけで、短距離走はダサくて勝ち組は競歩組なわけです。競歩の間に休憩するのだって大事。だって人間は休憩しないと死んじゃうから。馬とか牛も畑で延々と働かされると死んじゃうでしょう。それと同じ。家の事情とか自分の病気とか、そういうカクカクシカジカな理由で休んでも、それって実は長い長い勤労人生の中ではホンの少しの時間なんですよ。

だって長い人は40年ぐらい働くわけです。宝くじが当たらない限りは。毎日同じ時間に起きて、似たようなことやって、似たような時間に帰るわけ。なに、段々鬱になってきたからヤメロ？

しょうがないっしょ、ホントなんだから。仕事では大したイベントも、映画みたいなことも、ドラマみたいなことも絶対に起こらない。臭い足で鼻くそ掘っている上司とか、

どうでもいいことをネチネチ注意してくるお局に囲まれて、社食で鯖の塩焼きとか食べて、それで40年終わるわけですよ。

だからね、たった数年間、数ヶ月のブランクなんて大したことないわけです。だって3億円のディールやってるわけじゃないんでしょ、毎日。

日本の職場、特に巨大で保守的な会社とか役所は、まあまだ新卒一括採用なんてバカげたことをやっていて、中途採用はあまりなかったりして、人の出入りが少なかったりする場合もあるわけですが、そうじゃない業界とか会社も山のようにあるわけです。

そもそも日本の会社なんてほとんどは中小企業だし、中小企業は稼げる人間ならすぐ雇うわ、みたいなところもありますからね。大企業みたいにローテーションして、キャリアプランがウンニャラとやっている暇はない。大体そんな銭がない。フリーランスでできる仕事とか、資格で雇われる仕事とか、実績主義の業種とか、ベンチャーとか、そういうところも多少のブランクはあんまり関係ないわけです。

ブランクがあってもいいよ、って職場を探して、なんとか潜り込めばいいんです。ブランクがあって仕事がないって言ってる人は、単に探す努力をしてないだけ。ブランクがハンデになってるって言うなら、それを埋めるような資格を取ったり、自分で何か企画を考えてやってみたりすればいいわけです。

何事も知恵ですよ、知恵。というか、ないって言ってる人は単に頭が悪いだけ。頭を使ってないだけ。頭使わないで延々と愚痴ってればいいんです。愚痴ってるだけだから仕事もないし、ろくな人と仲良くなれないわけですけど。

人様に求められるから儲かる

途中ブランクがあったり、経歴があれだったりして仕事がなかなかない人が調べるべきなのは「何が人様に喜ばれているか」。

喜ばれる仕事＝需要がある、ってことなんですよ。簡単すぎるって？　でもそれに気がついていない人が多すぎる。雇われるにしても、自分で何か事業をやるにしても、何が儲かるか、何をやれば雇ってもらえるかって、すごく単純なわけですよ。何がやりたいか、じゃなく、何を提供すれば人様は喜ぶか、です。これが「市場」ってやつですよ

（経済学者はもっと難しく言いますけどね。簡単に言うと商売になんないから）。

例えば、良い例は美容師さん。これ女性は超同感すると思うんですけど、望むスタイルを、ちょうど良い感じで作ってくれて、髪の毛が伸びてきてもスタイルが崩れないカットをしてくれる美容師さんて、顔がどうだろうが、アポが取りにくかろうが、経歴があれだろうが、大人気なわけです。その人じゃないとダメだから、遠くてもその人が働いている店に行くし、独立してようが、雇われてようが関係ない。店側は儲けたいからその美容師さんがちょっと介護で休もうが関係ない。

別の例。これはうちのお婆さんの例なんですけど、うちのお婆さんは戦争中に最初の旦那がフィリピンで漁船ごと沈んじゃって、子供を抱えて戦後再婚したんだけどそいつが酒乱のＤＶ男で離婚。３人の子供を抱えて、米軍の倉庫の警備から、瓶洗いからお手伝いさん、食堂まで様々な仕事を転々として母子家庭やってました。

全然お金がなくって、家は雨漏り、畳は腐ってる、銭湯に行けるのは週に1回、靴は穴が開いてる、子供はお金がなくて修学旅行に行けないから当日仮病で休み。『おしん』見て「甘めーんだよ。あんなのは」と言ってましたからね。

戦後だから離婚してる女の人の仕事なんてないわけですよ。近所から「母子家庭!!」って石投げられて、肥だめに突き落とされんです。誰も銭を貸してくれないし、同情なんてゼロ。近所も全員スーパー貧乏だから。昔の日本なんて、全然美しくないわけですよ。弱者保護も人権もクソもないわけ。しかもそこいら中貧乏で、道には牛糞が落ちてて、家も店もドロドロ。（『ALWAYS三丁目の夕日』とかああいうものは凄まじいホラ話なわけです）。

お婆さん、女学校もちゃんと出てなくて、田舎出身で、独身の頃の職歴は蚕《かいこ》をお湯につけて絹糸を巻き取るという工場労働。学歴も職歴も微妙どころの話ではなかったわけですが、たまたま病院で実験器具を洗う仕事というのを見つけます。この仕事、他の人はやりたがらなかったから人手が足りない。特に若い人は嫌がる。なにせ、器具には血とか人肉とか細菌山盛りで怖いし、見た目もグロい。人肉ですから、人肉。やだよね、人肉。

しかしうちのお婆さんは、蚕工場にいたから手先は器用だし、生活かかってるから、そんなの気にしない。立ち仕事も大丈夫。病院も看護婦さんも医者も大喜びで、定年まで雇ってくれました。瓶洗いより3万倍マシなんですよ。ね、相手が喜んでくれれば、女の人が全然仕事がなくって、女性の権利も労働条件も今より遥かに悪かった時代でも仕事があるわけですよ。

別の例。コナン・ドイルって知ってます？「シャーロック・ホームズ」シリーズの作者。彼は医者だったんだけど、患者を待ってる間、適当に書いたシャーロック・ホームズが当たってしまった。でも本人は「俺、こんなバカ向けの通俗小説やなんだけど！もっと高貴なのが書きたい」と思っていました。あまりにも嫌で嫌で、途中でホームズを殺したりしています。

今で言うと、週刊誌にバカサラリーマン向けにムレムレ人妻官能小説連載してます、みたいな感じですから、嫌だったんでしょうね。だって大昔のイギリスって凄い階級社会ですから、医者だったら何か高貴なものを書いてないと「だっせー」と言われてしまうわけです。

でも喜ばれたのはホームズだった。儲かるってこういうことです。**自分が何をやりたいかじゃなく、お客さんは何が欲しいか。客が焼きそば食べたいって言っ**

てるのに、お好み焼き出しても無駄なんですよ。だから「やりがいのある仕事」「社会貢献したい」「女性の活用を」とか青臭いことを言ってても無駄なの。仕事を決めるのはアナタじゃなく客だから。

ワンナップキノコをゲットしてもっと稼げ

人様が喜ぶことを探すのも重要ですけど、それが、例えば、学校でお勉強して身につける体系的な知識やノウハウだったり、資格だったりするなら、そういうのを身につけて、人様に雇っていただく、お客様からお金をいただくって方法もあるわけです。

つまりこれって、スーパーマリオでマリオがワンナップキノコをゲットするのと同じ。キノコをゲットすれば、ジャンプする高さが2倍になったりするでしょ。つまり、あれです。あと、凄まじいデブスの人が高須クリニックで全身整形して超モテモテになるのと同じですよ（性格が悪かったら無駄だけど）。

例えば、今ビッグデータというバズワード（多分3年後には消滅）が流行っていますが、統計の専門家ってあらゆる国で引っ張りだこです。家人（大学教授）の学生さんで、学部で経営学やってから働いて、修士号で統計をやった女性は、この景気の悪い時期に就職先からオファー殺到、さっさと就職してかなり良い給料をもらっています。

英語圏のそこそこの大学院レベルで、統計を体系的に勉強して実務で使える人っていないんですよ。勉強大変だし、数字相手だから、大変。体系的な知識がある点がポイントです。付け焼き刃じゃなくって、アカデミックな基礎の部分からわかっているので、知識の深みが違うんです。たまたまそういう人を求めている職場があったので、その人は、前に働いていた会社の2倍ぐらいの給料で雇われてます。

資格を取ってキャリアップする例というのもありです。例えばワタクシの知り合いのインド人女性は、セキュリティと監査の専門家で、インドの有名大学を出ていますが実務経験がちょっと短い。そこでどうしたかというと、英語圏のベンダー系資格とか、業界団体の資格をバンバン取りまくりました。資格を取ってる人は少ないけど、需要が高いという分野をネットで丹念に調べました。

そしていきなりイギリスの会社に応募しました。資格はそんなに難しいものではないので、すぐに実務ができる、というわけではないんですが、彼女がイギリスの業界の知識体系を理解している、資格をせっせと取るだけのやる気がある、この分野に興味がある、継続的に努力している、というのが評価されて、超優良企業に就職しました。

その分野の人が足りない、というのも重要です。足りない＝お客さんが困ってる＝仕事がある、ですから。日本でも海外でも、大学院の学位とか資格は、そのまま仕事に結びつくというわけではないんですが、需要にぴたっとはまれば、就職する際にすごく有利になる、というわけです。ポイントは、雇ってくれる人とか、お客さんが何を望んでるか、ってところです。

有資格者しか行うことができない業務の資格を取ってしまったら鉄板です。これは法律で「この資格がないと仕事しちゃいけませんよ」という分野ですね。例えば、医師、看護師、弁護士、司法書士、行政書士、公認会計士、税理士、社会保険労務士、宅地建物取引主任者、不動産鑑定士、建築士、測量士等々。ないのにやっちゃって時々逮捕されてる人がいる分野。

ワタクシの知人にも、元々整備士をやっていたのに突然公認会計士の資格を取り開業した方、音楽系の仕事をやっていたけど行政書士になった方、SEだったけど40歳すぎて看護学校に通って看護師になった方などがいます。皆さん前の仕事より稼げているし、何より資格があるので転職は楽だったり、開業できていたりするのでハッピー。

もちろん資格プラスアルファで、修業なり、本人の努力なりが必要なんですが（開業の場合は営業力や開業資金も）、有資格者じゃないとできない仕事は、ブランクがあったり、家庭持ちの人には有利だったりする場合もあるので、考えてみるのも良いでしょう。でも根性がない人とか、ミジンコレベルで頭が悪い人には無理です。

女性は特に師匠を見つけてコピーしまくれ

細く長く仕事していくにしても、どっかでブランクを作るにしても、うまく仕事して行くには、自分の師匠になるべき人を探すのもすごく大事。何事も「良い例」がないと、進むべき方向とか、基礎の基礎がわかんないんです。

これってエレキギターと同じ。速弾きがうまいギタリストって必ずお手本を探すんですよ。イングウェイ・マルムスティーンとか、ポール・ギルバートとか。メロディとか流れは自分で考えるんですけど、速弾きの「形」というのがあるわけです。「形」を真似して、いくつか組み合わせて、それを自分のスタイルにしていくわけです。ピックの持ち方とか、リフの進行の方向とか、ステージアクションとか。

それで、そういうのを師匠以外の人と比べるわけ。例えばイングウェイとスティーブ・バイを比べて「イングウェイの方が、なんつーか、自分の世界があるわ。あの体型を無視したブラウスと、王様トーク!!! 俺の進む方向ってこっちだわ。バイは頭つるっぱげだし。つるっぱげはやっぱりダサい。ダメだ、あれじゃモテない。ハゲはダメだ」

仕事に関してもこれと同じで、スタイルとかやり方って、ある程度誰か経験がある人を観察して、後ろにくっついて、時にはしつこく色々聞いて、真似っこさせてもらうと、段々と自分のスタイルというのができてくる。

女の人ってこれやってない人が多すぎるので、なんとなく、仕事のスタイルがぼやっとしたものだったり「アタシはこれで行く」という人が少ないんですよ。

これって仕事だけじゃなく、ライフスタイルのお手本の点でも重要。特に女の人の場合、ブランクがあってもまた復活して働いていたり、起業してたり、子供がいても管理職やってたり、競歩的な働き方をしている女性がいたら、観察して真似してみること。

多分日本の働く女の人には、そういう師匠になるべき人がまだまだ少ないから「アタシもやってみようかしら」「あ、これでいいんだ」というのが少ないんでしょうね。だからウソだらけの自己啓発本を読んでしまって、真似して大失敗して「アタシってやっぱりゴミだわ」と自己嫌悪。

真似するのはファッション雑誌の服とか、芸能人とか、海外の有名MBA取りました、な人じゃないんですよ。特に芸能人なんて、普通の仕事してるわけじゃないし、既に大金持ちだったりするんで、仕事のスタイルも生活も全然参考にならないわけ。しかもアナタと顔もスタイルも違う。海外の有名MBA取りました、な人も最初から頭のできが違いますからね。真似しても無駄なんです。大事なのは、自分の近くで本当に働いてる人を師匠にすること。

これから可能性のあるジャンル

では、これから女性に可能性のあるジャンルは何でしょうか。業界によってもちろん違いますけど、まず人手が足りない業界ですね。例えば、厚生労働省の統計でも出てますけど、福祉は人手が足りません。しかも福祉業界は海外に移動不可能で、高度なコミュニケーションが必要なので、外国人に仕事を取られる可能性が低い（将来移民が来るようになったらわかりませんが）。

次に、働いてる人の高齢化が激しいけど、若い者がやりたがらないので、受け継ぐ人を探している業界や会社。実は結構あるんですよ。例えば、漁業。若い人はやりたがらないけども、魚の数はそんなに減っていないという漁場があります。後を継いでほしいという人はいないわけではないので、ノウハウを教えてもらったり、船を格安で譲ってもらう、という方法もある。

漁業のように、後継者がいなくて困る、しかし一定の需要はあって、地味だからやりたがる人がいない、という業界は実はかなりあるはずです。熟年者や老人と話してそういう業界を探しておくのも一考。高齢者向けの仕事もこれからはあり。例えば、夫婦だけとか一人暮らしの高齢者に、便利屋的なサービスを提供する仕事。近所に家族がいないけどこれをやってほしい、という人はいるはずです。

さらに、専門知識が必要な業界で人手が足りないところ。例えば、ＩＴだとクラウド系のサービス開発や設計、ソーシャルメディアも踏まえて戦略的なネットマーケティングができる人、電子書籍専門のマーケター、需要が伸びてるアプリの開発者、膨大な量のデータを解析する人、通信技術、エネルギー、バイオ等々。

そういう分野はどうやって探せばいいかというと、人材募集してるサイトとか、雇用サーベイやってる会社の資料を探してきて「ここは人が足りないらしい」「これだと給料いくら」とか自分で調べりゃいいんです。業界によっては意外な職種が人出不足だったりするんで、丹念に調べること。５年後、10年後はこんな感じかな、という大まかな予測をしながら調べるのも大事ですよ。世の中は変わりますが、５～10年ぐらいなら予想が大幅に外れることはないです。

コラム

国によって違う「過酷な職業」

「良い仕事」が国によって違うように、「過酷な職業」というのも国によって全然違います。例えば、良い例は学校の先生です。日本だと底辺の学校や、労働負荷の高い学校に赴任すると「大変」になってしまうことがありますが、「過酷」ではありません。まだまだ社会的に尊敬され、倒産当たり前の斜陽民間企業に比べたら、公務員待遇の教師というのはかなり恵まれています（潰《つぶ》れないということだけでもう素晴らしいわけですが）。

一方、イギリスの場合。公立の学校の先生というのは「過酷」な職業です。底辺の学校だと生徒に刺される場合があるので、教壇にパニックボタンがついていたりします。生徒に逆恨みされ校長先生が路上でフルボッコになるということもあり、校長先生のなり手すらいない場合があります。さらに大都市の学校だと、生徒が外国人ばかりで、校内で使われる言語が30ヶ国語（!）、生徒に何を言っても通じない、ということがあります。

そういう「超過酷」な職業なので、なり手がなかなかおらず、なんと、昔の自衛隊の募集並みの勧誘をやっているというのが現状です。あまりにもなり手がいないので、「ヤバい学校」に赴任した人には特別ボーナスが出ますよ、外国人でも応募できますよ、とガンガン宣伝しております。

体験のために実はワタクシ、一度資料請求したんですけど、それ以来、家の電話が「母さん助けて詐欺」並みにガンガン鳴りまくるようになり「あなたいつ訓練を始めますか？？？」（訓練て……）という勧誘が来るようになってしまいました。恐ろしいですね。サラ金の督促並みの電話をしないと教師のなり手がいないわけです。

一方で、日本で今過酷な仕事というと「母さん助けて詐欺」の打ち子とか、ヤクザの鉄砲玉とか、原発の下請け労働者とか、リストラ部屋に押し込まれたやることが何もない会社員、なんてのがあげられると思うんですけど、実はそんなに悪い仕事じゃないかもしれないんですよ、時と場所を変えて考えると。「母さん助けて詐欺」の打ち子なんかソマリアの海賊業に比べたら絶対楽勝だし、原発労働は発展途上国の炭坑より遥かに楽かもしれないし。

リストラ部屋に押し込まれたやることが何もない会社員なんて、あれやりたがる人多いですよ。何もしないで銭をもらえる、しかもきれいな事務所に一日中いていいって、これ、イタリア人とかイギリス人なら大喜びしますよ。貴族待遇だから、貴族。働かないのは至高なわけですよ、皆さん。
日本で今悲惨だ悲惨だって言ってる仕事も、ビクトリア時代の王族のオマル係とか、産業革命時代の石けん職人とか、中世の煙突掃除人とか、中世の処刑担当係に比べたら、あ、全然楽だわ、なんですよ。イギリスって悪趣味だから、史上最悪の仕事というのを研究してテレビ番組にしちゃったんです。この番組を見ると「あ、俺の仕事って別に悪くないじゃん」という気分になるというものです。
（参照）The Worst Jobs in History
http://www.channel4.com/programmes/the-worst-jobs-in-history/episode-guide

ゆる〜く働いてる男性が白い目で見られない国

日本だと、ゆる〜く働いてる男って非人間扱いされますわね。「オマエ男のくせになっとらん!!!!」と田母神閣下みたいな人にバットで後ろから殴られそうなわけですが、男で秘書とか事務員とか受付とか、ユルンユルンやってると、近所から親戚から親から、とにかくグチャグチャ言われてしまうんで、本当は嫌なんだけど、いわゆる男っぽい仕事をせざるを得ない、というお方が日本には大勢おりますね。嫌なのに営業やってるとかね。実は凄くカワイソウなんだけど、日本は周囲がうるさいから仕方ないですね。

ワタクシの友達にゲイの人がいるんだけど、ゲイの人って、営業だの何とか課長だのというマッチョな仕事はやりたくねーわ、ユルフワでやっていきたいのよ、という人も結構いるんです。でもね、日本では悩みが深いですよ。ゲイって隠してるし、男っぽい仕事しないと怒られるから。

ただし、日本の外だと、男でもユルンユルンした仕事をしてても特に何にも言われないところというのもあります。例えばイギリスの場合なんですけど、ここって仕事が能力主義&経験主義だから、その仕事のスペックに合えば男でも女でもあんまり関係なく雇います。もちろん、性別による職種の偏りというのはあるわけですけど、日本ほど性別で分業されてない感じです。

例えば男性で病院やら会社の受付をやっている人、結構います。ワタクシが通っている総合病院は、総合受付にも専門窓口の受付にも男性がおります。若い人もいれば、中年や熟年の方もおります。最近は秘書にも男性が増えてまして、ちょっと話題になっています。銀行の窓口やら、送金担当者もそういえば男性多いですよ。ごっついおっちゃんも多いです。

男性でも人の世話が好きだとか、定型業務が好きだとか、細かいことが好きだって人はいますからね。周囲はだから何だとは言いません。その人はその仕事が好きなのかもしれないし、何か事情があってその仕事をしている可能性もあるわけで。余計なおせっかいは焼かないんです。お客も何も言いません。目的が達成できれば問題ないから。

一方で、女性で支店長、バス運転手、インフラエンジニアなんかも普通にいます。別に「女性何とか」という言い方はしません。一緒に仕事する人もお客も、興味があるのはその人の性別じゃなくって、やってほしいことをやってくれるかどうかですね。仕事だからそりゃそうですね。

だからメディアでも女流作家とか女流監督という言葉が出てきません。男だろうが女だろうが、駄作は駄作、良い作品は良い。作品に関係ないですからね。

あの口うるさいイタリアでも、男性事務員、男性銀行窓口、男性保育士、なんて全然珍しくありません。あそこは男女差別は凄いんですけど、でもね、それでも、女性が専門職やったり、結構パワフルな仕事をしている一方、ユルンユルンした仕事をしている男性もいます。

そもそも仕事がないから、仕事があるだけでラッキーという感じなんですけども。日本ももっと景気が悪くなると、「仕事があるだけラッキーだね☆」と言われるようになるんでしょうねえ。

なぜ日本の航空会社の客室乗務員は女だけなのか？

お高い会社の飛行機でも、バス状態の激安飛行機でも、客室乗務員というお方がおりますね。しかし北米や欧州の飛行機に乗りますと、客室乗務員の少なくない方々が、ごっついオッサンや、肌が異様にきれいなゲイのお方です。チャック・ノリスみたいなオッサンが野太い声で「牛か鳥か」と言いながら客室の家畜に餌を配ります。

お嬢様方もおりますが、かなり年季の入った昔のお嬢様も多く、そのようなお嬢様に「荷物は座席の下よ！」とドスのきいた声で言われながら、荷物とか上着を足で座席の下に突っ込まれるわけですが。いやあ、家畜は辛いですね。

日本だと客室乗務員って、いまだに「なんか国際でハイソで美人で意識高い系のカッコイイ仕事」みたいな意識があるんですけどね、北米とか欧州だと、なんというか、単なる労働の一つですよ。組合が強い会社は別ですけど、まあ、給料は安いわ、重労働だわ、シフト勤務はあるわ、基地外電波客のあしらいは面倒だわで、「あら素敵♡」なお仕事じゃないんですよ、全然。統計上は客室乗務員って熟練労働者だったりすることがありますし。

「労働者」ですよ、皆さん。

こっちで「いい仕事」って銭がいっぱいもらえて楽な仕事なんですよ。欧州の場合は究極的には王族とか貴族ですね。資産で食べてて、働いてないという。働かない人が偉いんですよ。あと年収何億円の金融屋とか広告屋とか武器商人とか保険屋とか経営者とか。そういうのを「いい仕事」って言うんですよ。

「なんか国際でハイソで美人で意識高い系のカッコイイ仕事」ていう「イメージ」じゃないんす。イメージで働いちゃう奴はオバカなわけです。いくら銭が儲かるか、楽かどうか、もうそういうクソミソに実利的で現実的な線なわけですよ。

ワタクシの友達でも英語圏で大学院まで出てなぜか客室乗務員になった人がいるんですけど、「はああ？　意味わかんない。普通知的労働者をやるじゃない？　何？　仕事がなかったの？」と海外の友人達は言いました。だってそんな仕事は「労働者」だから。「日本では、その、あれは、ハイソな仕事でね」と説明したんですけど「意味わかんねえわ」と言われましたので、「あの、つまりコレなわけよ」と、客室乗務員コスプレイメクラの存在とか、客室乗務員ＡＶを紹介しましたらね「ああ、こういうことね……」と納得していただけたのでした。

結局客室乗務員になるっていうのは、日本では社会のカーストの中での「女性」ってカテゴリの中での上位層の地位を獲得するってことであって、「アタシって性的にイケてて知的にもちょっとグーな売り物」になるということなわけで、仕事云々のお話じゃないわけですね。上玉の花魁《おいらん》みたいなもんなんですよ、要するに。

「良い仕事」というのが「いくら銭稼いだ」「楽かどうか」というセコイ世界になると、そういうのは消えていくんでしょうけど、まあそれはそれで辛いですよね。

第5章

日本の女は
どうやって
生きていくべきか

提案1　海外へ逃亡せよ

これまでお読みになってきた方は気がついたかもしれませんが、世界には、日本より早く女性の社会参加を実現した国というのがあります。その多くは、北欧やドイツ、イギリス、フランスなどの西欧州や北米、さらにオーストラリアやニュージーランドです。

これらの国は、女性だけではなく外国人にも広く門戸を開いているので、留学するなり転職するなりして、より「女性としての生活が楽そうな地域に移民してしまう」という飛びワザもありです。

ちなみに、私はまさにこのパターンです。日本での仕事も楽しんでいましたが、都内の通勤事情や長時間労働を考えた場合、どう考えても家庭を持って、子供や介護が必要な家族を抱えてやっていけるとは思えませんでした。それに人生は一回なので、どうしても外国で勉強して働いてみたかったのです。

そういうわけで、まずはアメリカで勉強し、イタリアで働いてイギリスに来てしまいました。将来は、欧州大陸のどこか、もしくは北米に行く可能性もあるし、もしかしたら日本に住むことがあるかもしれません。しかし、長く働くこと、子育てをすることを考えると、日本より早く女性の権利を確立し、母性保護や無理な労働を強いない制度を作り上げた欧州の方が断然住みやすいのです。

欧州も昔は制度も何も整っていませんでしたが、30年ぐらい前に今の日本と似たような状況に直面しており、そこから様々な取り組みを経て今の状態になっています。日本も今後状況は良くなるかもしれませんが、待っていたらお婆さんになってしまいます。

人生1回きりで時間は限られていますから、生活するにも働くにもなるべく楽しい方が良いです。

もちろん、欧州にも移民問題や財政問題、高い失業率など様々な問題はありますが、日本で高い教育を受けて努力してきた女性であれば、仕事を見つけることは死ぬほど難しいことではありません。現に私の友人知人の多くは、ある日突然何のコネも実績もなくやってきて、仕事を見つけて定住しています。その中には独身の方もいますし、レズビアンの方もいますし、中年になってからいらした方もいます。

シンガポールや香港は穴場かも

さらに、女性の移民先として案外見落としがちなのが、アジアです。シンガポールやマレーシア、香港、中国大陸の沿岸部、台湾など、中国文化の影響を強く受けている国では、女性がプロとしてガンガン働いています。私は中国に半年ほどいたことがあり、友人知人に東南アジアや中国大陸の人が少なくないのですが、中国文化では「天は男と女が支えている」と言います。つまり、世界は男と女があって成り立っている、だから女も男と同じように活躍しましょう、という考え方です。

友人曰く「男も女も両方働くともっと儲かるね。私らお金が大好きね。奥さんも働いたらお金儲かるでしょ。だから頭の良い奥さんは自慢なの。中国ではお金持ちは奥さんに博士号取らせたりしてるよ」と。日本とは全然考え方が違います。外から想像する中華圏の女性の地位と、実態は随分違うのです。さらに、強い女性、媚びない女性も大勢います。日本より強い女性が多いです。

確かに友人の親類や家族の女性は、子持ちでも単身赴任したり、女性ながら国営企業の総経理だったりと大活躍で専門職の人が多いのです。子育てや家事はどうするのかというと、夫婦どちらかの親がみたり、旦那さんが家事をやったりします。旦那さんが家事をやるのは中国南部では珍しいことではありません。料理上手な方が多いのです。

中国大陸や香港、シンガポールだと、お手伝いさんを雇っている家も少なくありません。お手伝いさんを雇うと、働く方は助かるし、お手伝いさんは儲かる。まさにウインウインの関係なのです。

日本の財政危機、原発のリスクヘッジにも

海外に逃亡するという選択肢を持っておくことは、日本の経済状態が厳しくなった場合に、自分の生活を支える保険になるという考えもあります。今や日本だけに住むこと自体が大きなリスクなのです。その理由の一つは少子高齢化です。総務省の人口推計によると、日本は約４人に１人が高齢者という超高齢化社会です。

厚生労働省は、２０５０年には日本の人口の40％が65歳以上の高齢者になると予測しています。（http://www.mhlw.go.jp/houdou/2007/03/h0328-1.html）これは今の国民の年齢を元に計算したものなので、結果がぶれる可能性はかなり低いのです。

こんなに高齢者が増えるのに、日本は２０６０年には労働人口が半分になります。つまり、税金を払ってくれる人が半分になってしまうわけです。高齢者がドンドン増えるのに福祉を支える税金は入ってこなくなる。今現在でも日本の会社の半分ぐらいは法人税を払っていません。将来日本の会社がもっと税金を払うようになるのかどうか知りませんが、つまり、国のお金は足りなくなります。

しかし、**日本の公的債務は国内総生産（ＧＤＰ）比で２００％を超えています。ギリシャは１６０％で国が破産しました。**政府の経済財政諮問会議の元メンバーである東京大学の伊藤隆敏教授は２０２３年に日本の財政危機が到来すると予想しています。（http://www.bloomberg.co.jp/news/123-MM3B7Q6KLVRM01.html#）

さらに、日本には原発リスクがあります。福島第一原発がどのように処理されて行くのか、もし３・11並みの地震がきたら日本は対応できるのか、４号機が倒壊した場合どうなるのか、それははっきりとはわかりません。もし何か大きな事故が起こった場合、今度は本当に東日本には住めなくなるかもしれません。

原発で何かがあるたびに、欧州でも大きく報道されます。世界中が日本の先行きに注目しているのです。日本で何かあった場合、海外に住むという選択肢を持っておくことも必要かもしれません。

提案2　外資系企業へ転職せよ

第2章でも書きましたが、日本にある外資系企業へ転職する、という手もありです。外資とは言っても2章で書いたように、実態は単なる「植民地奴隷の置屋」でありますが、しかし、アングロサクソン系や大陸欧州系の外資系企業というのは、なんだかんだ言って、多国籍で、自社がどれだけ多様性や女性の活用に気を配っているかを、優秀な人材を獲得するための「戦略」、投資家に対して「我々は良い会社です」とアピールするための「戦略」にしていますので、女性の活用に関しては、意識が日本の20年も30年も先を行っています。

休暇や福利厚生は本社や他の支社に合わせていることがあるので、取りやすいことも多いです。例えばワタクシの知っているある都内の外資系企業では、夏に2週間程度の連続有給休暇を取ることは普通でした。本社や他の支社の人も休暇中で仕事の流れがノンビリになるので、休暇を取っても特に問題がないわけです。管理職や幹部も長い休暇を取ります。みんなが休暇を取るので特に文句を言う人はいません。消化率が管理職の業績目標になっている場合は、取得がなおさら重要です。

また、特にアングロサクソン系の組織だと、個人の業務範囲や業績目標がはっきりしているので、その人が結婚しているか、女性かどうか、というのはあまり関係がありません。担当業務だけやって、成績を残せば良いのです。

ただし、女性だから、若いから、という甘えは通用しません。本社や他の支社には女性の専門職や管理職、幹部がいることが多いですから、日本でも女性が管理職などになっても珍しがられることがありません。帰国子女や海外留学経験のある人にとっては働きやすい職場です。日本採用の外国人もいますし、帰国子女や留学組もいますから、大して珍しがられることはありません。

もちろん外資系と一言でいっても多種多様なので、転職する際には十分な注意が必要です。名前は外国の会社であっても中身はコテコテの日本企業、日本企業がその会社の名義を借りているだけで単なる販売代理店、本社の左遷先になっている、という場合もあります。中国大陸系の外資、韓国系の外資、インド系の外資、だと大陸欧州系とは社風が全く違うこともあります。日本にある支社は所詮支社なので、規模が小さく実態は単なる中小企業、ということもあります。社風や実態は中に入らないとわかりませんので、業界事情に詳しい人に色々聞いてから転職するとよろしいでしょう。

外資系企業の短所

また、外資系企業には短所もあります。まず、業績評価。社員が自殺するほど厳しいところもあります。ワタクシが知っているある金融企業では、業務のプレッシャーに耐えられなかった部長クラスの人が会社の階段で首つり自殺をしました。また、ある会社で、システム障害が出てしまったのですが、責任者であった中年の管理者は、その場でクビになってしまった、という例も知っています。日本のように「次からどうにかすれば良いですよ」というゆるい雰囲気はありません。

雇用が不安定な場合もあります。組織の業績が悪くなれば、リストラだって平気でやります。日本みたいに、まずは候補者をリストラ部署に異動して、ゆっくりと相談をしながら次の職場を探してあげる、なんて悠長なことはやりません。収益の上がらない部署、必要ではない部署は、全員解雇ということもよくあります。女性だからかわいそう、残してあげましょう、なんて情はないわけです。

あまり仕事のできない人を左遷部署や子会社に飛ばすというのも、多くはありません。ダメならクビです。基本的に終身雇用はないと考えた方が良いです。長期勤務できる会社もありますが、いつ何がどうなるかわからないので、常にスキルアップしながら、次の転職先を考えていないといけません。ちなみに退職金がない会社もあります。

社内競争も驚くほど激しいので、社内政治や足の引っ張り合いは、日本の組織よりも遥かに厳しい場合もあります。人事部は日本とは役割が違うので、人事へ口出しする力は強くない場合があります。従って、直属の上司やチームの人と折り合いが悪ければクビになってしまう、ということもあります。**実力主義、収益に厳しい、社内政治が実は凄い、**という点は、実は日本のベンチャー企業にちょっと似ているかもしれません。

このように、色々厳しいこともあるわけですが、能力があるのにずっとアシスタント的な仕事のままは嫌だ、という人は、外資系企業に挑戦してみる選択もあります。

提案3　結果を出しまくって黙らせろ

日本の組織に身を置いたままでも、周囲の男性をあっと言わせる方法というのもあります。それは、「結果を出すこと」です。営業成績でもプロジェクトでも成果物でもお客様からのコメントでも何でも良いのですが、証拠が残る形で「ワタシがやった」というのがわかる結果を残すんです。結果が数値で出るものであれば、なおよろしいです。

また、結果は自分の業績評価と連動させるべきです。目に見える結果があれば、周囲はアナタが女だろうが子供がいようが文句を言うことができません。多分裏では「あのデブス」「子持ちババア」と言うでしょう。でもそれは、悔しいからです。アナタに結果で勝てないから、単にひがんでいるだけなんです。確固たる結果の前では、そんな罵罵雑言は、耳クソのように吹き飛んでしまいます。

自分が勝てる仕事を選ぶ

結果を出すにはちょっと頭を使うことも大事です。どの会社にも、結果が出やすい仕事、結果が見えやすい仕事、というのがあるはずです。まずは、そういう仕事が自分の周囲にないかどうか、考えましょう。

「仕事を選り好みするなんてずるいわ」と思う方がいるかもしれませんが、アナタの周囲の男性や、結果を出している女性を観察してください。あの人達は仕事や活動を選んでいます、意図的に選んでいるんです。

選ぶことはズルではありません。見えやすく、結果が証拠になりやすく、なおかつ、周囲に貢献する仕事を選べばいいだけの話です。

また、そういう仕事があったら、手を挙げて「やらせてください」と積極的に参加する自発性が重要です。「ワタシなんて」と恥ずかしがっていてはダメです。「こんなことをやって目立ったら会社で彼氏ができないわ、みんなに嫌われるかも」なんて思うのもダメです。会社は学校でもサークルでもありません。ビジネスに関わる真剣勝負の戦場です。そんなことは気にしなくていいんです。

ユダヤ人の格言に「誰にでも良い顔をする人間には友達がいない」というのがありますが、それはビジネスでも同じです。嫌われるからこそ職場にアナタを支持する人も現れます。「失敗したら恥ずかしい」もダメです。何事も失敗は当たり前。失敗したら次に別のことに取り組んで挽回すればいいんです。日本企業だと何か失敗をしてもいきなりクビになることは多くはありませんから、あまり心配する必要はありません。

なかなか昇進しない、お給料が上がらない、面白いプロジェクトにアサインされない、と言っている女性の中には、自発性に欠けている人が少なくないのです。なぜ欠けているのかというと、それは頭の中が「あるべき姿」に支配されているからです。それは、学校の優等生的な女性の姿です。大人しく、いつも微笑んでいて、控えめで、人を怒らせず、議論せず、挑戦せず、格好悪い姿を見せない。それは優等生としてはご立派です。でも、ビジネスとは戦争のようなものです。「格好悪いからワタシは機関銃撃つの嫌だわ。ステルス戦闘機乗るのやだわ。こんなゴーグルつけたくないわ」と言っていたら敵に勝てるでしょうか？　自分の欲しい陣地は手に入るでしょうか？

欲しいものを手に入れたいなら、泥まみれになろうが、多少は嫌われようが、喧嘩《けんか》しようが、それは仕方のないことなんです。何かを得るには何かを失います。失うのはアナタが思い込んでいる「あるべき姿」です。でも周囲はそんなものは期待していないのです。期待しているのは、付加価値を産む組織の一員として貢献してくれる人、切磋琢磨してくれる人です。「あるべき姿」は失うかもしれませんが、その代わり、アナタは尊敬されるようになります、仲間として迎えてもらえるようになります。

また、人に真似のできないノウハウや技能、知識などを駆使して結果を出すことができればそれはもう最高です。なにせ周囲はコピーができない。アナタしかできないわけで、もう戦いようがないわけです。さらに、アナタしかできないのでクビになりませんいないと困るので、休暇を取ろうが休もうが文句を言えないわけです。

例1：語学と人脈で結果を出す

アナタの会社は中国語が全くできない人ばかりですが、アナタは中国留学時代に作った人脈と中国語で、中国大陸の有力企業と商談をまとめます。アナタ以外にはできないので、周囲は唖然。「デブス」と文句を言っていた周囲の男どもは、アナタを恐れるようになります。

例2：いなくてはならない技術者になる

家でも週末もせっせと勉強したアナタはある統計解析システムのエキスパートになります。そのシステム、業務には欠かせないのですが、取り扱いが難しく、周囲の男性エンジニアは勉強する気力も興味もないのでアナタ以外には直せません。

アナタの知識や技能、真面目な態度に感心したお客様は、別のシステムの開発や運用にもアナタを指名するようになります。周囲はアナタがちょっと休もうが産休を取ろうが文句を言わなくなります。

例3：腐女子だからこそ

アナタは救いようのない腐女子ですが、趣味の延長で世界中のＹａｏｉファンとの人脈があります。職場では日本のコンテンツを海外に売って儲けるというプロジェクトが立ち上がりますが、同僚は何をどう売ればいいのかアイディアがなく苦労しています。

アナタはＹａｏｉ好きの心を熟知した知識と、世界に散らばった人脈を駆使し、Ｙａｏｉ向けのコミュニティサイトを通じてコミックやグッズを販売するサービスを企画し成功します。周囲の男性はアナタのことを「女アキバ系」と笑っていましたが、今では何も言いません。

結果を出しても時にはそれを横取りしたり、コピーする人が現れるので注意しましょう。それを防ぐには、成果物には自分にしかわからないキーワードを入れておく、本当のツボはわからないようにしブラックボックス化するというテクニックが必要です。すべてを明かしてはいけません。

また、時には横取りする人と戦うことだって必要です。ワタクシもかつてある人（日本人男性ではありませんが）に成果物を何度もコピーされ、自分の成果として出されてしまったことがありました。その人は常習犯なので周囲は知っていましたが、気持ちの良いものではありません。そこで、ワタシは人がたくさんいる前で、その人に向かって「それはワタシが何月何日に作成したもので、誰さんと誰さんに送っている。コピーするのはやめていただきたい」と堂々と言ってみました。もちろん喧嘩覚悟です。

相手は20歳近く年上の人でしたが、そんなことを言う東洋人女性には会ったことがないので、ビックリしてすぐ謝ってきました。周囲はそれを知っていたので「良くやった！　グッドジョブ」と賞賛してくれたのです。それ以来「あいつは根性あるよな」と言われるようになり、あまり親しくなかった人が仲良くしてくれるようになりました。時には怒ることだって大事です。

提案4　女が優利な職場へ転職せよ

女性が有利な職場で活躍するという方法だってあります。女性が有利な職場とは、女性が求められている職場のことです。例えば、日本の場合、総務省統計局によると、女性の多い職場は医療・福祉（就業者全体の76％）、飲食業（同58％）、卸・小売（同51％）、サービス業（同45％）です。（http://careers.job.nifty.com/cs/catalog/careers_topic/catalog_080821001186_1.htm）

卸・小売や飲食業は、パートタイムで働く人が多いので女性の平均給料は安いのですが、医療・福祉や教育は、正社員の割合が高いため平均給料が高めです。

つまり、医療・福祉、教育の場は正社員で働く女性が多いため、女性にとって働きやすく、女性が求められている職場である、ということが言えそうです。反対に、製造業や林業は女性の割合が少なく、平均給料も安いので働きにくい職場だということが言えます。

欧州で女性の多い企業は、一般的には消費材やサービス、小売、医療・福祉、広告代理店、ファッション業界、政府、教育です。女性幹部の多い企業は消費材やサービス、小売で、ヘルスケアでは少なめになっています。

イギリスの場合、女性が専門職に進出している割合が高く、保険のアンダーライター、マーケター、セラピストは60％以上が女性です。また、科学者、研究者、税務専門家、ジャーナリスト、広報専門家、検査技師、は約半分が女性で、女性が働きやすい職種だと言われています。男性が多いと思われがちな家庭医（イギリスでは国家公務員で、専門医にかかる前に必ず家庭医の診断を受けます）の45％は女性、法曹の51％は女性です。一方、エンジニアリングや金融、不動産の世界では女性は30％程度です。（http://www.bbc.co.uk/news/uk-17287275）（http://www.parliament.uk/briefing-papers/SN05170/women-in-public-life-the-professions-and-the-boardroom）

仕事をする場合は、やはり、女性が多く、女性が求められている職場の方が働きやすいことは明らかです。最初から歓迎されている上に、周囲に女性が多いので浮くことがありません。

コテコテの日本企業の中には、そもそも業界の構造上、女性が少なく仕事がやりにくい、補助的な仕事しかやらせない、というところもあるでしょう。そういう職場でくすぶっている人は女性が歓迎されている職場に転職してしまう、というのだってありです。

例えば、氷川きよし君のグッズ専門店は氷川きよし君好きの職員に働いて欲しいはずです。お客さんの心もわかるし、何を売るべきかもわかる。それに職場は氷川きよし君好きばかり。話をしなくても、氷川きよし君の魅力、ファンの心がわかりツーカーです。ところが、アナタはジャニヲタで、氷川きよし君が嫌いです。仕事に真剣にもなれず、職場では友達もいません。

女性が少なく求められてもいない日本企業にいるアナタは、まさに氷川きよし君グッズ店に勤めているジャニヲタのようなものです。きよし君の店は諦めて、ジャニーズ専門店に行きましょう。

提案5　稼げるスキルを身につけなさい

特にこれから働き始める若い人や学生さん、転職したい人、育児が一段落してまた働きたい人に言いたいのは、稼げるスキルを身につけなさい、ということです。

稼げることは自立につながります。自立、すなわち、自分の生活に自分で責任を持ち、自分でコントロールできるようになることです。お金さえあれば、結婚相手がいなくても生きていくことができます。親が病気になっても助けることができます。夫にお金をくださいと言わずに済みます。離婚するのを恐れることがありません。

お金があれば、世の中の様々なことは解決できます。お金がないと精神状態は不安定になります。例えばイギリスの調査によると、お金のことを心配する人は鬱病になりやすく、お金の問題は精神と身体を病むのです。

(http://www.theguardian.com/money/2013/may/15/charity-debt-mental-health-stepchange)

自立に努力は必須

ただし、誰かに雇われてお金を稼ぐには、お客様、つまり市場に求められているスキルがなければなりません。お客さんがお金を払うのは、そのスキルに対してです。例えば、一般事務ができる人と、一般事務プラス英語と中国語ができる人なら、より稼げるのは英語も中国語もできる人です。携帯電話の販売ができる人と、携帯電話の販売もできるし初級の簿記がわかる人では、より稼げる人は簿記もわかる人です。

市場では何が求められているか、何ができるといくらぐらい稼げるかを、丹念に調べます。自分にその技能がないなら自習するなり、資格学校に通うなり、スキルを目で見て覚えられそうな職場に転職するなりして、自分の付加価値を上げていくんです。

大事なのは、そのスキルは、自己啓発書に書いてあるような薄っぺらなノウハウ（誰でもできる）ではなく、**実務で本当に役に立つものでなければならない**、ということです。そこを勘違いしている人が多いのです。

実務で役に立つスキルは、地道な勉強や、練習、泥臭い経験がなければ身につきません。数冊の自己啓発書や、たった数時間のセミナーでは絶対に身につかないのです。自立したければ努力しなければならない、ということを絶対に忘れないでください。

提案6　起業せよ

子育てや介護をしながら働くには、起業してしまう方法だってあります。実はワタクシの知人で子育てをしている元専門職には、自営業の人が少なくありません。元々大企業勤務でしたが、通勤が嫌だ、体力的に限界ということで、自営業を営んでいます。

しかし、面白いのは、自営業になってからの方が儲かっている、やってみたら大したことなかった、大丈夫だったと言っている人が少なくないことです。起業といっても大それたことではなく、会社でやっていたことの延長に近いのです。オフィスは自宅やレンタルオフィスで、会社には所属せず仕事をしています。

元々この人達は北米や欧州、日本の外資系企業で働いており、そういう組織は個人で仕事をする仕組みだったので、起業には違和感がなかったのかもしれません。また、この人達が営んでいる仕事は、研究者、コンサルタント、ライター、イラストレーター、通訳、翻訳、ネット通販、データベース開発者、ビジネスアナリスト、プロジェクトマネージャなど、起業家というよりも、自分一人や数人とできる小規模事業で、どちらかというと、個人事業主に近いものです。

今はネットで自分のサービスや自分自身を宣伝したり、クラウドソーシングやネット上のサービスを使って、他の人と協力しながら仕事をすることが、10年ぐらい前に比べてうんと簡単になっています。自分自身の宣伝費は、頭をちょっと使えばほぼゼロです。ですから、こうやって個人で仕事をすることが可能なわけです。

ワタクシも一時期会社に所属していたこともありますが、今は個人事業主として家から仕事をしています。元々会社で働いていた時も、自分の業務範囲は決まっていましたし、フリーランスで仕事を受けることもありましたので、その延長です。

ただ、以前出版した『ノマドと社畜』（朝日出版社）という本に詳しく書きましたが、誰にでもお勧めできる働き方ではありません。まず、お客さんに買っていただくノウハウなりスキルなどがなければ商売にならないので、キャリアや経験が浅い人、何か特殊な技術がない人にはかなり難しいです。会社に勤めていて「これはあの人じゃなきゃダメ」という状態なのであれば、独立しても問題ないかもしれません。

次に、時間が自由なので自制心がないと仕事するのが難しいです。家にいるとつい動画を見たり、漫画を読んだり、遊びに行ってしまったりしてなかなか仕事になりません。常に人と会っていないと気が済まないという人にも向きません。

ただし、会社に勤めるのはもう飽きた、これなら個人でできるわ、と思っている方は、会社にいる間からスキルを磨き、お客さんに売れるようなサービスや物を考えて、起業を考えてみるのも悪くないかもしれません。言われたことだけをやるのではなく「これを売るにはどうするか」「ワタシの強みは何かしら」ということを常に考えるのも大事です。

そして、副業OKの会社であれば、会社にいる間にトライアルで自分の仕事をやってみます。何度かやって、うまくいきそうだな、これで食べていけそうだな、というレベルになったら起業すれば良いです。

提案7　自分のために生きよ

日本の女性が自由になれない理由の一つは、「外野を気にしすぎること」です。外野を気にしすぎて自分の人生を生きていない人があまりにも多すぎる。

・こんなことを言ったら変かしら
・女性はこうでなければ
・周囲の女性と同じことをしなくちゃ
・こんなことをやったり言ったりしたら両親に怒られる。親戚に何か言われる
・職場の男性にこんなことを言われたくないな
・仲間はずれになったらどうしよう
・流行ってるからこれを買わなくっちゃ
・いつも化粧しているのが常識だもんね

・女性はヒールを履くのが当たり前

こんな考え方に凝り固まっていませんか？　そもそも、誰が決めたんでしょう？　神様仏様？　両親？　友達？　同僚？　世間？　世間ってなんですか？　それは裁判所ですか？　従わないと死刑になるんですか？

そもそも、アナタの考えではないですね。地球上のどっかの他人が考えたことで、誰かが言っていること。仲間はずれはアナタがやることではなく誰かがアナタにやること。流行とは誰かが物を売りつけるために作り出した虚構。変と思うかどうかは人によって違うんです。すべてアナタの思い込み。アナタを苦しめているのはアナタです。

女性といっても世界中には何十億人もの女性がいて、一人一人違う精子と卵子から生まれてきています。同じ人は誰もいません。誰しもユニーク（唯一）で、精子と卵子が何億分の一の確率で出会って、たまたま世の中に出てきたわけです。だから「女性はこうじゃなくちゃいけない」と言われたって、そもそも一人一人違うんだから、そんなのは無理というものです。豪快な人もいれば繊細な人もいる、ネクラもいればネアカもいる。一日中パジャマがいい人もいればドレスがいい人もいる。

そして、たまたま生まれてきたアナタが生きられるのはたった1回です。「周囲の女性と同じことをしなくちゃ」とグチグチ悩んで、本当は自分は嫌なのに、周囲に合わせるためにお金を使って、情報誌読んで、女性誌を真似して、テレビを見て、無駄なお喋りにつき合っている間に、時間はドンドン流れ、気がついたらアナタはしわくちゃのお婆さん。そんなの情けないでしょう。

本当はヒップホップやって踊り狂いたかったのに、周りの友達がサルサやろうっていうからサルサ教室に通う。本当は潜水艦乗りになりたかったのに、親が女らしい仕事をして早く結婚しろと言うから銀行の事務員になる。本当はアフリカをジープで走りながら旅行したかったのに、彼氏に止められて諦めてしまう。

気がついた頃には、仕事や家族や介護や持病でがんじがらめになっていて、自分のやりたかったことはできない、自分のなりたかった人にはなれないんです。ある日突然事故や病気で死ぬことだってあります。

「女らしくしなくちゃ」という呪いにがんじがらめになって、自分の本当にやりたいこと、自分が本当に望む生き方を諦めてはいけません。

「女らしくしなくちゃ」は、アナタや他の女性を支配しておきたい誰かが勝手に言い出した意味のない決まりです。「女らしくしなくちゃ」に従うことは、誰かの考えをコピーすることとです。つまり、オリジナリティも創造性もゼロ。

人間には頭があります。頭を使うということは自分で創造すること。創造は自己実現です。創造するから自分が満たされるんです。

自分のやりたいことをやる、つまりそれこそが自分が満たされることとです。「女らしくしなくちゃ」はゴミ箱に捨てて、自分の思うように生きましょう。

提案8 「女子力」を葬り去って自由になれ、必要なのは「ガールパワー」

「女子力」というのは、基本的に「他人に押し付けられる女性性」です。「女らしいとはこうだ」「ネイルやってない女は女じゃない」「女子ならヨガとピラティスが必須で女子会に行くのが当たり前」という「女ならこうあれ」という表面的な格好や、付加価値のあまりない活動の押し付け、商売人が売り込みたいと思っている商品やサービスの押し売り、だからです。

「女子力」はもう終わりにしましょう。

爪を塗ること、自分は大して面白いと思っていない運動や踊りをやること、他人がおしゃれだという喫茶店に行くこと、ワガママ男の前でしおらしくすることは、ちっとも「女子力」ではありません。他人の押し付けはドブに捨てましょう。アナタの人生を滅茶苦茶にする悪の力が「女子力」です。

これからは、「女子力」の正反対の概念である「ガールパワー」を唱えましょう。

「ガールパワー」とは、女性が、自分の力や意志に頼って、独立した個人として生きていく態度のことです。つまり、女性としてだけではなく、人間としての尊厳を尊重して

生きて行くことです。具体的には、

・自立して生きていくためにスキルを身につける
・自立した生活をするためにお金のことを学ぶ
・自分の意思で政治的見解を持つ
・自分の意思で世の中の変だと思うことについて考える
・他人の意見に沿うのではなく、自分が楽しいと思えることをやる
・他人のためではなく自分のためにお気に入りの服を着る
・流行にとらわれず自分の好きな趣味に没頭する
・見栄や世間体のためではなく他人に喜んでもらうことをやる

「ガールパワー」を広めたスパイス・ガールズを生み出したイギリスでは、「ガールパワー」はごく当たり前の考え方です。女性は、まず自分が自立できるかどうかを考えます。大学に行く時は就職のことを考えます。男性に養ってもらおうという人は多くはありません。パートナーがいつ死ぬか、いつ離婚するかわからないからです。

他人の前でも大口を開けて笑います。他人の目は気にせずに自分の好きな服を着ます。例えば私の知っているイギリス人の女性は、スーツケースでオフィスに七足の靴を持ってきて、周囲の人に「あなたどれが好きかしら？　あたしこれが気に入っているのよ」と言いながら好き勝手に靴を履き替えています。

子供を2人出産し、ちょっとフクヨカになった女性の同僚は、出産後も胸とおなかがバーンと強調されるワンピースを着て、10センチのヒールを履いて仕事していました。自分のお気に入りの服なので、毎日が楽しいのです。

飲みに行く時は子供をベビーシッターに預けます。「母親なのになんたることか」と言う人はいません。それは彼女の選択であり、彼女の人生ですから、職場の人や友達の関与することではありません。男性がどう思おうと、親に何を言われようとそれは関係ありません。

そして、女性に不利な法律ができそうになると、政治家に抗議します。性差別的なことを言う有名人や有識者には、デモをやります。女性コラムニストは雑誌や新聞で激しい批判を展開します。それは当たり前のことで、「女性らしくない」と揶揄されることではないのです。

日本にも、とても自然な形で「ガールパワー」を楽しんでいる人達がいます。例えば、ＢＬ（ボーイズラブ）漫画が好きな女性は、「ガールパワー」を発揮している人達だと言えるのではないでしょうか。ＢＬはメディアに押し付けられた「女子力」ではありません。自分が良いと思うストーリーや絵柄を楽しむ自発的な娯楽です。ＢＬファンの間の結束は固く、自分で描く、作家をサポートする、ウェブサイトを作るなどの大変楽しい創造性にあふれています。

裏原宿で「ＫＡＷＡＩＩ」系のファッションに身を包む女性も同じでしょう。「ＫＡＷＡＩＩ」は自分が楽しむものであり、男性や親に強制されるものではありません。

ワタクシのゲイの友人はガールではありませんが「ガールパワー」を実践しています。周囲に「俺はゲイ」と公言し、自分の好きな服を着て、好きな化粧品を使い、好きな趣味に没頭し、「こんな子が好き」と公言して明るく生きています。この人の悪口を言う人もいますが、そんなことは気にしません。そして、経済的にも精神的にも自立しています。

自分が幸せに生きることは、家族や他人も幸せにします。人間とは、誰かを喜ばせるために生まれてきたのです。誰かを喜ばせるには、まず自分を喜ばせなければいけません。私たちは、誰かに押し付けられた意見で苦しむためにに生まれてきたわけではありません。

・「女子力」を活かして就活しましょう
・「女子力」がなければ結婚できません
・「女子力」を磨いて素敵なママに☆
・このバッグは「女子力」アップのマストアイテム
・「女子力」を上げる美容法
・デキる女は「女子力」が高い

こういう「女子力の呪い」を垂れ流す雑誌やテレビ、自称有識者にこう言ってやりましょう。

・その「女子力」って何ですか？
・誰が決めたの？
・誰が得するの？
・「女子力」があると旦那さんはリストラされないの？
・「女子力」があると家を買えるんですか？
・「女子力」があるとワタシは食べていけるの？

谷本真由美（たにもと・まゆみ）

1975年、神奈川県生まれ。ITベンチャー、コンサルティングファーム、国連専門機関情報通信官などを経てロンドン在住。専門分野はITサービス管理、プロセス改善、ITガバナンス、通信業界市場調査。シラキュース大学国際関係論修士および情報管理学修士。著書に『ノマドと社畜』（朝日出版社）、『日本が世界一「貧しい」国である件について』（祥伝社）、『世界のどこでも生きられる！』（ディスカヴァー・トゥエンティワン）などがある。アメリカやイタリアなどの海外居住経験、職業経験に基づく深い知見をもとに、Twitterで「@May_Roma」として舌鋒鋭いツイートを展開し、好評を博する。趣味はハードロック／ヘビーメタル鑑賞、漫画、料理。

日本《にほん》の女性《じょせい》がグローバル社会《しゃかい》で戦《たたか》う方法《ほうほう》

2014年 4 月10日　第 1 刷発行

著者　谷本真由美《たにもとまゆみ》

発行者　佐藤 靖

発行所　大和《だいわ》書房
東京都文京区関口1-33-4 〒112-0014
電話 03-3203-4511

装丁　川名潤（prigraphics）
イラスト　カズモトトモミ

カバー印刷　歩プロセス
本文印刷　信毎書籍印刷
製本　小泉製本

ISBN 978-4-479-79437-0

乱丁・落丁本はお取り替えいたします
http://www.daiwashobo.co.jp